#nursechsprozent

Renate Weisse ist Physikerin und Patentanwältin mit eigener Kanzlei in Berlin. Sie vertritt in dritter Generation nationale und internationale Mandant*innen vor Patent- und Markenämtern und Gerichten in allen Angelegenheiten des gewerblichen Rechtsschutzes.

Neben der Anmeldung und Vertretung von Patenten ist sie in Marken- und Designangelegenheiten tätig und betreut eine große Vielfalt von Start-ups und mittelständischen Unternehmen bei der Frage, ob und wann Schutzrechte angemeldet werden sollten.

Sie hält als Dozentin an der Berliner Hochschule für Technik Vorlesungen über gewerblichen Rechtsschutz, informiert zum Girls'-Day und bei Ausbildungsmessen als Role Model junge Mädchen über den Beruf der Patentanwältin und referiert über diese Themen regelmäßig in Hochschulen, Betrieben und Forschungsinstituten.

Als Expertin im Rechtsausschuss des Bundestages hat sie das Gesetzgebungsverfahren zur Modernisierung des Patentrechts begleitet.

Sie lebt in Potsdam, hat drei Kinder und träumt von Erfinder*innen-Parität und feministischer Innovationspolitik.

Renate Weisse

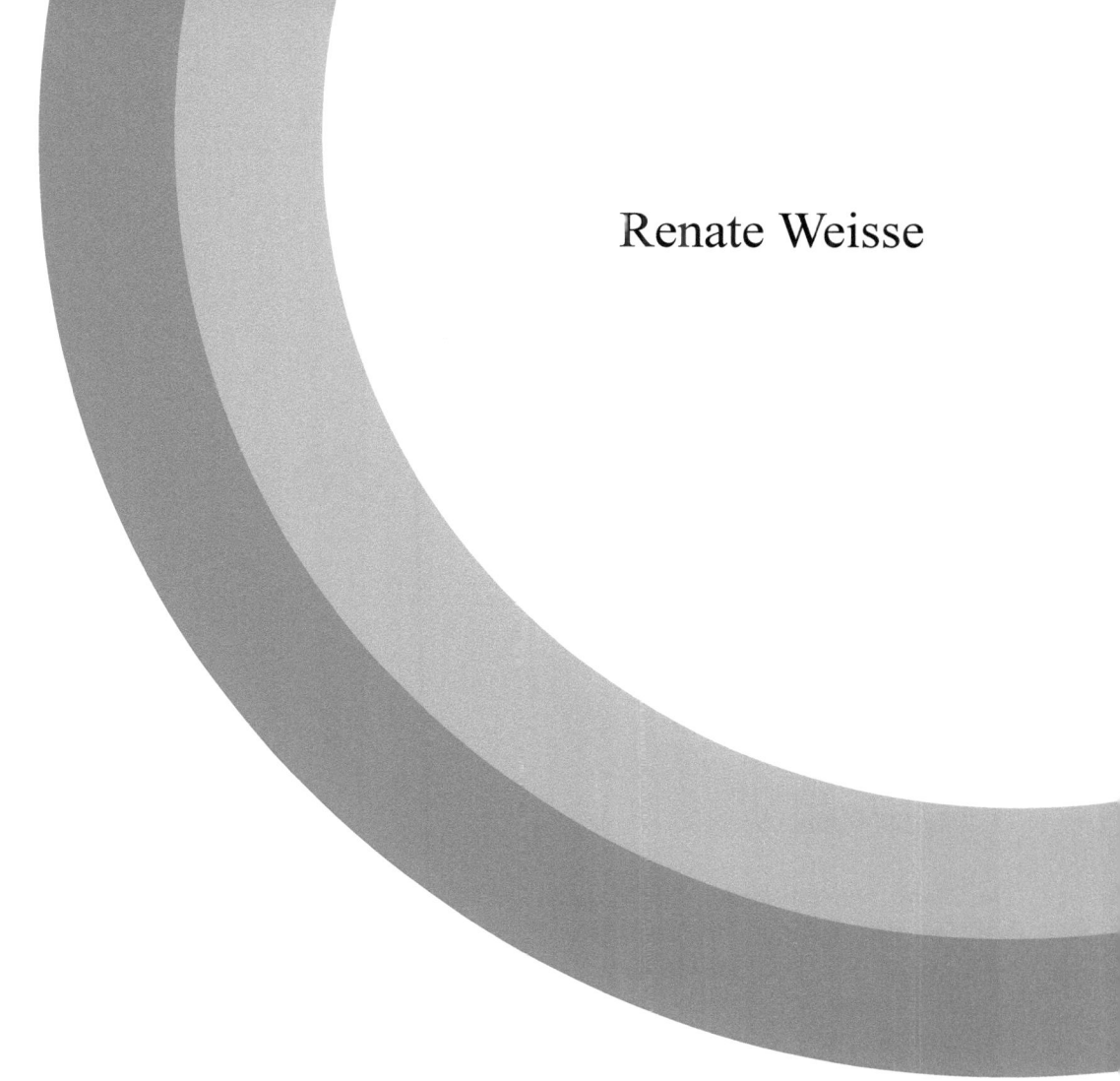

#nursechsprozent

Erfinderinnen entdecken

© 2022 Dr. Renate Weisse

Das Werk, einschließlich seiner Teile, ist urheberrechtlich geschützt. Für die Inhalte ist die Autorin verantwortlich. Jede Verwertung ist ohne ihre Zustimmung unzulässig. Die Publikation und Verbreitung erfolgt im Auftrag der Autorin, zu erreichen unter:
Bleibtreustr. 38, 10623 Berlin, Deutschland
weisse-patent.de

Lektorat: Ines Balcik, **ines.balcik.de**
Umschlaggestaltung: Petra A. Bauer
Covergrafik Busenformer: Reichspatentamt, Patentschrift Nr. 435982,
Anna Rechenmacher geb. Krenn, 1925
Copyrighthinweis für alle Grafiken: Download bei www.dpma.de, gemeinfrei nach §5UrhG
Gestaltung und Satz: Petra A. Bauer
Herausgegeben von: Petra A. Bauer, **lion23book.de**

Druck und Distribution im Auftrag der Autorin:
tredition GmbH, Halenreie 40–44, 22359 Hamburg, Germany

Inhalt

Vorwort	7
1 Patentanwalterei	9
2 Lage der Nation	19
3 Ehrlos	29
4 Das verpasste Wirtschaftswunder	39
5 Die geklaute Erfindung	44
5.1 Recherchieren	45
5.2 Konfrontieren	48
5.3 Vorbeugen	51
6 Sind die Männer schuld?	55
7 Selbsterkenntnis	61
8 My home is my castle	65
9 Empowerment	71
10 Selbst schuld	74
10.1 Zeitmangel	75
10.2 Politische Gründe	78
10.3 Angst vor den Kolleginnen	84
10.4 Mangelnde Erfahrung	88
11 Papa, ich habe eine Erfindung gemacht	93
11.1 Recht und Gesetz	96
11.2 Surprise	97
11.3 Quod erat demonstrandum	99
1.4 Doch keine Erfindung	100
12 Der Test: Bist du eine Erfinderin?	104
13 Erfindung – und nun?	109
13.1 Hochschulen und wissenschaftliche Einrichtungen	109
13.2 Kleine Betriebe und Einrichtungen	113
13.3 Große Unternehmen	114
14 Feministische Innovationspolitik	116
#nursechsprozent	127
Danksagung	129

Vorwort

Ich bin schon viele Jahrzehnte als Patentanwältin tätig. Festzustellen, dass die Mandantschaft genauso männlich ist wie meine Kommilitonen im Physikstudium und meine Patentanwalts-Kollegen, erfordert wenig Zeit und keine außergewöhnliche Intelligenz. Selbst die Patentliteratur, also Patent- und Offenlegungsschriften, nennt fast ausschließlich Männer als Erfindende. Das Thema begann mich zu interessieren: Zum Frauenanteil bei Gründer*innen, in den Vorständen und Aufsichtsräten der DAX-Unternehmen, bei Investor*innen, bei Studierenden in MINT[1]-Berufen, in Medienkonzernen und in der Politik gibt es Zahlen ... Zum Thema Erfinderinnen war nichts zu finden.

Deshalb fing ich an, den Mangel an Erfinderinnen selbst zu untersuchen. Da es nicht ganz einfach ist, die relevanten Daten zusammenzustellen, dauerte es eine Weile, bis ich zu einem Schluss kommen konnte: Nur etwa sechs Prozent aller in deutschen Patentanmeldungen genannten Erfinder*innen sind Erfinderinnen. Justament, als ich meine Zahlen in einen veröffentlichbaren Zustand versetzen wollte, brachte das unter weiblicher Leitung von Frau Rudloff-Schäffer stehende Deutsche Patent- und Markenamt eine vergleichbare Untersuchung heraus, die am 21. Dezember 2018 veröffentlicht wurde[2].

Wunderbar, dachte ich, das spart mir eine Menge Arbeit. Jetzt kommt ein Aufschrei aus der Community: Die Wirtschaft macht sich Gedanken, wieso Frauen so wenig erfinden und wichtige Innovationen möglicherweise nicht geschützt werden, die Patentanwaltschaft sorgt mit einer Aufklärungskampagne dafür, dass auch Frauen ihre Erfindungen schützen lassen. Meine ehrgeizigsten

Gedanken gingen sogar so weit, dass die – überwiegend männliche – Patentanwaltschaft aufgeschlossener gegenüber feministischem Gedankengut werden könnte. Ein gegendertes Patentgesetz, ein Ausschuss in der Patentanwaltskammer, der sich mit Gleichstellungsfragen beschäftigt, eine Reformierung der Patentanwaltsausbildung, um höhere Frauenanteile zu erlangen, eine Aufklärungskampagne ... Meine Fantasie kannte keine Grenzen. Denn es muss doch wirklich jede*r einsehen, dass wir nicht einfach in einer nur von Männern erfundenen Welt leben können, oder?

Können wir. Der Aufschrei fehlt bis heute und deshalb erscheint dieses Buch.

Ich freue mich über Feedback an reweisse@weisse-patent.de.

Renate Weisse

Berlin-Charlottenburg, den 12. August 2022

---

[1] MINT – Mathematik, Ingenieurwissenschaften, Naturwissenschaften, Technik
[2] https://www.dpma.de/service/presse/pressemitteilungen/20181221.html

REICHSPATENTAMT
PATENTSCHRIFT
№ 486858

Kindersaugflasche mit an der Außenseite leicht lösbar befestigtem Thermometer, gekennzeichnet durch einen federnd nach Art einer Klemmschelle die Flasche umfassenden und von ihr leicht abziehbaren offenen Halterung (4) mit einer seiner Öffnung etwa diametral gegenüberliegenden schildförmigen Verbreiterung (3), welche in einer am Rande mit Gradeinteilung versehenen Aussparung ein abgeflachtes Thermometer trägt, dessen dem Flaschenglase zugekehrte Anliegefläche in an sich bekannter Weise der Wölbung des Glases entsprechend gekrümmt ist.

Anna Otto geb. Markowitz in Berlin-Wilmersdorf
Kindersaugflasche
Patentiert im Deutschen Reiche vom 9. September 1926 ab

8 | #NURSECHSPROZENT

1 Patentanwalterei

Wer etwas über Erfindungen und Erfinderinnen wissen will, soll sich an eine Person wenden, die etwas davon versteht. Mein Werdegang und meine Erfahrungen verschaffen einen Einblick in eine Welt, die vielen (noch) verschlossen ist. Wer weiß? Vielleicht liest dies hier auch eine zukünftige Kollegin, die sich durch meine Ausführungen dazu animieren lässt, Erfinderin oder Patentanwältin zu werden.

Erfinder*innen und ganz besonders Patentanwält*innen sind vergleichsweise selten. Wer über die Frage nachdenkt, weshalb es so wenige Erfinderinnen gibt, was man dagegen tun könnte und was das mit Patentanwältinnen zu tun hat, sollte sich die beiden Berufe genauer anschauen. Ich bin sowohl Erfinderin als auch Patentanwältin. Und außerdem Frau und dreifache Mutter. Meine eigenen Erfahrungen dürften also einen ordentlichen Beitrag zur Klärung der Frage leisten, was Frauen vom Erfinden abhält. Vielleicht verstehen einige Menschen dann besser, weshalb so wenige Frauen einen MINT-Abschluss haben.

Der Job der Erfinderin ist in den üblichen Vorträgen meiner Patentanwaltskollegen schnell erklärt: Man denke sich etwas Neues aus, das auf einer erfinderischen Tätigkeit beruht und gewerblich anwendbar ist, und fertig. Schon ist man Erfinderin. Ansonsten ist die Berufsbezeichnung nicht geschützt, theoretisch kann sich jede*r Erfinder oder Erfinderin auf die Visitenkarte und ins LinkedIn-Profil schreiben. Wie man unschwer erkennt, ist es damit nicht getan.

Sehr wohl geschützt ist die Berufsbezeichnung Patentanwältin. Patentanwältinnen sind *Organ der Rechtspflege*. Das steht gleich vorne in Paragraph 1 in einem Gesetz namens *Patentanwaltsordnung*.

> **Patentanwaltsordnung (PAO)**
> **§ 1 Stellung in der Rechtspflege**
>
> Der Patentanwalt ist in dem ihm durch dieses Gesetz zugewiesenen Aufgabenbereich ein unabhängiges Organ der Rechtspflege.

Okay, ich habe gelogen. Das Gesetz regelt, wer zur Patentanwaltschaft zugelassen wird, und das ist der Patentanwalt. Bei enger Auslegung also nur Männer.

Patentanwältin – eigentlich Patentanwalt – darf sich nur nennen, wer ein naturwissenschaftliches oder technisches Studium absolviert hat, mindestens ein Jahr in der Praxis gearbeitet hat, eine Ausbildung in einer Kanzlei oder Patentabteilung einschließlich Fernstudium absolviert und schwierige Prüfungen bestanden hat. Außerdem ist eine Berufshaftpflichtversicherung über mindestens eine halbe Million Euro und eine Kanzleiadresse erforderlich, um zugelassen zu werden und den Titel tragen zu dürfen.

Gesetzlich ist zwingend vorgeschrieben, dass von den 34 Monaten der Ausbildung zwei Monate beim Patentamt und sechs Monate beim Patentgericht zu absolvieren sind. Blöderweise gibt es nur ein Patentamt in Deutschland und nur ein Patentgericht und beide sind in München. Mit anderen Worten: Wer Patentanwältin werden will, muss für acht Monate nach München ziehen, wenn man nicht sowieso schon dort wohnt. Immerhin: Zu meiner Zeit waren es noch zwölf Monate.

> **Patentanwaltsordnung (PAO)**
> **§ 7 Ausbildung auf dem Gebiet des gewerblichen Rechtsschutzes**
>
> (1) Die Bewerberin oder der Bewerber muß nach dem Erwerb der technischen Befähigung mindesens 34 Monate lang im Inland auf dem Gebiet des gewerblichen Rechtsschutzes ausgebildet worden sein, und zwar wenigstens 26 Monate bei einem Patentanwalt oder bei einem Patentassessor in der Patentabteilung eines Unternehmens. Zwei Monate beim Patentamt und sechs Monate beim Patentgericht. Eine Ausbildung bei einem Gericht für Patentstreitsachen ist bis zu zwei Monaten auf die Ausbildung bei einem Patentanwalt oder einem Patentassesso anzurechnen.
> (2) Der Präsident des Patentamts kann auf Antrag eine praktische Ausbildung auf dem Gebiet des gewerblichen Rechtsschutzes, die im Ausland durchgeführt wird, bis zu zwölf Monaten auf die nach Absatz 1 vorgeschriebene Ausbildung bei einem Patentanwalt oder einem Patentassessor anrechnen. Der Antrag ist vor Beginn der Ausbildung im Ausland zu stellen (2a) Der Präsident des Patentamts bestimmt nach Anhörung der Patentanwaltskammer Leitlinien für die Voraussetzungen unter denen eine im Ausland durchgeführte Ausbildung nach Absatz 2 anzuerkennen ist. In den Leitlinien sind insbesondere die Anforderungen an die Organisation und den Inhalt der Ausbildung sowie an die ausbildende Person zu regeln. Die Leitlinien sind auf der Internetseite des Patentamts zu veröffentlichen.

> (3) Die Bewerberin oder der Bewerber muß die Ausbildung bei einem Patentanwalt oder Patentassessor durch ein Studium im allgemeinen Recht an einer Universität ergänzen. Das Studium soll sich auf diejenigen Rechtsgebiete erstrecken, die ein Patentanwalt oder Patentassessor neben dem Gebiet des gewerblichen Rechtsschutzes kennen muß; es muß Kenntnisse der Grundzüge auf den Gebieten Vertragsrecht, Arbeitsvertragsrecht, Wirtschaftsrecht, gerichtliches Verfahrensrecht, Verfassungsrecht, allgemeines Verwaltungsrecht und Europarecht vermitteln. Das Studium ist mit einer Prüfung abzuschließen.
> (4) Der Abschluß eines Studiums der Rechtswissenschaften oder eines besonderen Studiums im allgemeinen Recht (Absatz 3) wird mit vier Monaten auf die Ausbildung bei einem Patentanwalt oder Patentassessor angerechnet. Dies gilt nicht für ein Studium, das neben der Ausbildung bei einem Patentanwalt oder Patentassessor durchgeführt werden kann.
> (5) Ein besonderer Studiengang im allgemeinen Recht, der für die Ausbildung von Bewerberinnen und Bewerbern für den Beruf des Patentanwalts oder Patentassessors eingerichtet ist, erfüllt die Voraussetzungen des Absatzes 3 nur, wenn der Präsident des Patentamts dies festgestellt hat. Er holt vor seiner Entscheidung die Stellungnahme des Vorstandes der Patentanwaltskammer ein. Die Entscheidung ist im "Blatt für Patent-, Muster- und Zeichenwesen" bekanntzugeben.

Was sich in der Theorie sehr einfach und geradlinig anhört, ist in der Praxis mit ganz erheblichen Hürden verbunden. Ich hatte großes Glück: Mein Vater und mein Großvater waren beide Patentanwälte, mein Vater hat mir manche Tür geöffnet und mich nicht nur finanziell unterstützt. Ich bewundere ihn heute noch dafür, dass er mir drei Jahrzehnte nach seinem Studium die Maxwell-Gleichungen erklären konnte. Derart familiär vorbelastet schien mein Weg zur Patentanwältin vorgezeichnet, geradlinig und einfach zu sein. So leicht war er aber nicht.

Als sehr gute Schülerin mit Einserabitur immatrikulierte ich mich wie selbstverständlich für das Physikstudium mit dem Ziel, Patentanwältin zu werden. Was sollte mir passieren? Meine Leistungskurse waren zwar Englisch und Deutsch gewesen und nicht Physik und Mathe wie bei den meisten Kommilitonen. Aber ich konnte mir kaum vorstellen, dass es etwas gab, das ich nicht verstehen würde, wenn man es mir nur gut genug erklärte.

Wie sehr ich mich irrte: Gleich in der ersten Vorlesung in theoretischer Physik ging es um Tensoren. Vierter Stufe. Das ist ein Buchstabe mit einem aus vier verschiedenen griechischen Buchstaben bestehenden Index. Ich konnte bereits ein λ, α und π schreiben und ein τ oder σ ist nicht so schwer. Aber ζ und ξ? In dieser Vorlesung ging es recht schnell bergab mit mir. Ich kam nicht mehr mit, während der Professor vorne ohne Gnade weiter mit Kreide auf die Tafel schrieb. Die Kommilitonen – hier gendere ich nicht, denn es waren alles Männer – vermittelten den Eindruck, dass sie alles verstünden, und in der Übung bei dem bereits diplomierten Assistenten hieß es regelmäßig: *Hat noch jemand außer dem Mädchen mit dem gelben Pulli eine Frage?*

In den Achtzigern waren Pastellfarben in Mode, aber ich wusste nicht, dass ich keineswegs die Einzige war, die häufig nicht alles verstand. Das habe ich erst sehr viel später gemerkt.

Bei einer Veranstaltung der Deutschen Physikalischen Gesellschaft erklärte mir ein Professor, dass das Studium mit Absicht so gestaltet sei: Man wolle ungeeignete Kandidaten aussieben. Diese Einstellung hält sich bis heute. Dass dabei gelegentlich auch Studierende aufhören, die durchaus für das Physikstudium geeignet sind, etwa jemand, der zuvor für die beste Physikleistung in Berlin ausgezeichnet wurde, wird billigend in Kauf genommen.

Auch die physikalischen Experimente im Praktikum ließen sich nicht so an, wie ich es mir vorstellte. Ich hatte nur wenig Ahnung, was ein Oszillograph ist und wie ein Laser funktioniert, und anders als die Kommilitonen echten Respekt vor den teuren Geräten mit den vielen Knöpfen. Bevor ich mir also die Gebrauchsanweisungen anschauen oder mir erklären lassen konnte, wie die Geräte funktionieren, drückten, drehten, steckten und schraubten die Männer schon.

Ich jedenfalls hatte schnell die Nase voll von Physik und reiner Männerumgebung. Ich dachte *Man muss sich nicht alles antun*, ging zum Immatrikulationsamt und schrieb mich für Chemie ein. Das versprach zu Recht mehr Spaß unter mehr Frauen. Nicht ohne vorherige Diskussionen in der väterlichen Kanzlei: Könnte ich die Kanzlei auch dann übernehmen, wenn ich mehr von Chemie als von Physik verstand? Mir war das egal. Ich wollte auf alle Fälle raus aus der Physik und weg von den ganzen Angebern und Nerds.

Ganz umsonst war das erste Semester trotzdem nicht, denn Experimentalphysik und Mathe standen auch auf dem Stundenplan der Chemie-Studierenden. Ärgerlicherweise wurde mir mein in der Physik hart erkämpfter Mathe-Schein nicht anerkannt. Das ginge nur, wenn ich alle Scheine und darüber hinaus eine bestandene Mathe-Prüfung vorlegen könnte. Ich studierte also fleißig Anorganik, Organik und Analytische Chemie, während ich weiterhin zusätzlich für Physik eingeschrieben blieb und zehn Semesterwochenstunden Mathematik lernte.

Das Chemiestudium machte mir sehr viel Spaß. Wir saßen gemeinsam vor den Experimenten und hatten beim Rückflusskochen genügend Zeit für einen gepflegten Plausch. Hier klappte, was mich aus der Physik vertrieben hatte. Ich war völlig unverdorben: Das Fach hatte ich aufgrund von Lehrer*innenmangel fast gar nicht in der Schule gehabt und ich stürzte mich mit Eifer und guten Resultaten in die Wissenschaften. Einige freundliche Geister verhinderten mit kleinen Hinweisen die größten Peinlichkeiten: Für das Laborpraktikum braucht man in der Chemie einen Kittel und eine Schutzbrille. Die Freundschaften, die ich vor über dreißig Jahren in den Labors der Technischen Universität Berlin geknüpft habe, bestehen noch heute und ich bin ewig dankbar für die Unterstützung einiger Assistent*innen und Kommiliton*innen, die mir ihre Mitschriften zur Verfügung stellten und bei dem einen oder anderen Protokoll halfen, wenn ich etwas verpasst hatte, weil ich mich gerade in Mathe durch ungleich schwerere Aufgaben quälte und stark auf das Wohlwollen der Prüfungsassistentin angewiesen war.

Nach drei Semestern hatte ich die erforderlichen Mathe-Scheine zusammen. Statt noch ein weiteres Semester Mathe zu studieren und wie vorgesehen nach vier Semestern zur Prüfung zu erscheinen, setzte ich mich hin, lernte in den Semesterferien alles, was im Skript stand, und ging zur Prüfung. Der über mein vorzeitiges Erscheinen sehr erstaunte Professor gab mir eine unerwartet gute Note und ich sah mich plötzlich in der Situation, dass ich außer einem fehlenden Schein in theoretischer Physik und der zugehörigen Prüfung alles für ein Physikvordiplom beisammen hatte.

Wenn es einen Titel zu erreichen gibt, dann bin ich dabei. Ein Jahr später konnte ich mich mit *cand. phys.* schmücken, denn ich hatte das Vordiplom in Physik erlangt. Außerdem lernte ich, dass theoretische Physik deutlich leichter wird, wenn man ein bisschen Erfahrung mit dem Studieren hat. Insgesamt habe ich ungleich mehr Chemie studiert als Physik, auch wenn ich am Ende Physikerin geworden bin. Macht nichts. Als Patentanwältin kann ich beides gebrauchen.

Mein Vater sorgte dafür, dass ich meine Diplomarbeit bei seiner größten Mandantin schreiben konnte. Ich fand einen Professor, der mich betreuen würde, und im

Sommer 1990 packte ich meine Sachen und zog in den Süden der Republik. Ich fing in einer Entwicklungsabteilung mit siebzig Männern und zwei Frauen an. Letztere waren die Sekretärinnen. Die Männer waren nett. Aber eine Studentin aus einer Großstadt passte nicht in die biedere Umgebung und so beschränkten sich die Gespräche auf Fachliches. Trotz exzellenter Forschungsbedingungen war ich nach zwei Jahren Einsamkeit, Selbstzweifeln und Depressionen am Ende.

Das Glück war mir hold: Nach der Wiedervereinigung konnte ich meine Doktorarbeit in Adlershof bei den *Ossis* vollenden. Diese Ossis waren zwei exzellente Forscher aus der ehemaligen Akademie der Wissenschaften, denen es gelungen war, ein Institut mit Vollzeitstellen für die dort tätigen Wissenschaftler mitzugründen. Die Ausstattung erschien mir im Vergleich zu dem vorhergehenden Unternehmen gelegentlich rustikal, aber es mangelte mir an nichts und alle passten sich rasant an die aktuellsten Laborbedingungen an.

Die Mittel reichten für neue Computer und Detektoren und den optischen Linsen, Spiegeln und Haltern merkte man nicht an, ob sie im Westen oder im Osten hergestellt wurden. Sie taten, was sie sollten, und das sollte mir reichen. Ich konnte weder damals noch jetzt nachvollziehen, wieso viele Menschen im Westen abfällig über *Ossis* sprachen: Mir begegneten ausschließlich sehr gut ausgebildete, intelligente und weltoffene Menschen, an deren fachlicher Qualifikation nichts auszusetzen war. Das galt nicht nur in der Physik, es galt auch im Sportverein, wo meine Mitspielerinnen sich sehr genervt darüber zeigten, dass sie ihr Sportstudium wiederholen mussten und von Leuten unterrichtet wurden, die weniger Ahnung hatten als sie selbst, da sie erfolgreiche DDR- Nationalspielerinnen gewesen waren.

Was mir wirklich auffiel: Ich war deutlich glücklicher. Keine Bemerkungen über meine Kleidung, keine Herablassung, keine Männerwelt. Stattdessen ein natürlicher Umgang mit gemeinsamen Gesprächen auf Augenhöhe, fachlichem Streit und lustigen Momenten. Und schließlich am allerwichtigsten: selbstverständliche Unterstützung, als ich im letzten Jahr meiner Doktorarbeit schwanger wurde. Das

Institut stellte mir eine Laborkraft zur Seite, die weitere Versuche machte, während ich meine Software zu Ende programmierte.

Bereits während meiner Diplomarbeit habe ich meine erste Erfindung gemacht. Ich wäre gar nicht darauf gekommen, dass es sich um eine Erfindung handelt, wenn ich als Tochter eines Patentanwalts nicht einen kurzen und vertrauensvollen Draht zur Expertise meines Vater gehabt hätte. So aber ging ich mehr oder weniger heimlich zum Telefon im Labor – Handys gab es noch nicht und jedes bundesweite Telefonat kostete – und rief meinen Vater an. Ich musste nicht viel erklären, denn das Unternehmen war seine Mandantin und er war entsprechend vertraut mit dem Gebiet der Atomabsorptionsspektroskopie.

Papa, ich hab da mal was, begann das Gespräch. Mein Vater war nicht nur begeistert, sondern hielt meine Idee auch für eine schutzfähige Erfindung. Zu Recht, wie sich sehr viel später im Prüfungsverfahren herausstellen sollte. Er ermutigte mich, eine Erfindungsmeldung bei meiner Arbeitgeberin einzureichen. Mit väterlicher Autorität im Rücken formulierte ich also meine Idee und ging zu dem für Patente zuständigen Herrn, um ihm meine Erfindungsmeldung zu übergeben. Ich war wie vor den Kopf geschlagen, als dieser mir erklärte, ich könne doch keine Erfindungsmeldung einreichen, denn wenn wir die Erfindung zum Patent anmelden, würden wir ja einem Kooperationspartner des Unternehmens auf die Füße treten. Außerdem seien Patentanmeldungen teuer.

Mit dem mir eigenen Selbstbewusstsein ließ ich ihm die Erfindungsmeldung dennoch da. Das Unternehmen in Person des Abteilungsleiters hatte kein Interesse und gab die Erfindung frei. Ich war natürlich enttäuscht, aber mein Vater ermöglichte mir, die Erfindung im eigenen Namen anzumelden. Erst später überlegte es sich das Unternehmen anders und kaufte mir die Erfindung für stolze 800 DM mit einer Vereinbarung über die Anwendung des Arbeitnehmererfindergesetzes ab. Das Potenzial der Erfindung wurde mit der Zeit offenbar: Das Patent wurde erteilt, in mehreren ausländischen Staaten angemeldet und bis zur maximalen Schutzdauer von 20 Jahren aufrechterhalten.

Eine zweite Erfindung machte ich, während ich meine Doktorarbeit mit Babykörbchen neben dem Schreibtisch zusammenschrieb. Ich hatte ein Verfahren entwickelt und schlug dem Unternehmen, auf dessen Gehaltsliste ich stand, vor, die in meiner Doktorarbeit entwickelten Ideen schützen zu lassen. Zwei Tage vor meiner Prüfung mit der Veröffentlichung der Ergebnisse ließen die Verantwortlichen verlauten, dass ich eine Erfindungsmeldung einreichen könne. Mal ganz unabhängig davon, dass ich jederzeit eine Erfindungsmeldung einreichen kann und mir das keiner verbieten konnte: Eile war angesagt, denn es reicht nicht aus, eine Erfindungsmeldung beim Unternehmen einzureichen. Jetzt musste eine Patentanmeldung beim Patentamt eingereicht werden. Mein Vater war auf Geschäftsreise, also musste ich die Anmeldung selbst formulieren. Zwei Tage vor der Verteidigung der Doktorarbeit haben gestresste Doktorandinnen natürlich nichts anderes zu tun. Auch diese Erfindung bestand die patentamtliche Prüfung und führte zu einem erteilten Patent, das mit viel Aufwand bis zum Ende der maximalen Schutzdauer aufrechterhalten wurde.

Mein Vater hatte es eilig. Ich sollte so schnell wie möglich Patentanwältin und in die Kanzlei eingeführt werden. Noch vor meiner Verteidigung wurde ich als Kandidatin angemeldet und ging zur monatlichen Arbeitsgemeinschaft für Patentanwaltskandidaten. Die Gespräche mit den Mit-Kandidaten erinnerten mich an die Gespräche mit den Physikstudenten im ersten Semester. Es wurde viel Show gemacht über Dinge, bei denen ich noch nicht mitreden konnte. Aber diesmal kannte ich diese Situation bereits. So kurz vor dem Ziel wollte ich mich nicht mehr vertreiben lassen.

Die Ausbildung in der Kanzlei unterschied sich trotz des familiären Verhältnisses zu meinem väterlichen Ausbilder wenig von der Ausbildung in anderen Kanzleien. Patentanwält*innen sind schwer beschäftigte Leute, die täglich mit komplexen Fragestellungen von hoher wirtschaftlicher Relevanz für ihre Mandantschaft zu tun haben. Die vermeintlich trivialen Probleme der Patentanwaltskandidat*innen sind auf der Prioritätenliste ganz hinten angeordnet. Fast alle Kandidat*innen hatten folglich die gleichen Schwierigkeiten: Wo finde ich jemanden, mit dem ich über diese Themen diskutieren kann?

In München wurde es zumindest an dieser Stelle etwas leichter: Ich hatte eine nette Arbeitsgruppe mit einer Frau und zwei Männern. Wir lernten alle gemeinsam. Außerdem wurden viele Seminare organisiert, die den Austausch beförderten. Ansonsten war die Zeit in München eine schwierige Angelegenheit. Unbezahlt und mit Kleinkind zuhause benötigte ich in München eine Zweitwohnung und pendelte jedes Wochenende zurück nach Berlin. Darüber hinaus wurde ich gleich zu Beginn der Münchener Zeit erneut schwanger und ging mit dickem Bauch zu den Verhandlungen und Seminaren. Ohne finanzielle Zuwendungen meines Vaters, für den ich gelegentlich etwas bezahlte *Kollegenarbeit* machte, wäre das Münchener Jahr schon finanziell nicht zu stemmen gewesen. Auch mein Lebensgefährte unterstützte mich, denn irgendjemand musste sich ja um mein Kind kümmern, während ich in München versuchte, mich auf Patent- und Markenrecht zu konzentrieren, Voten schrieb und an Verhandlungen teilnahm.

Ende Oktober 1998 fuhr ich das letzte Mal nach Hause, Anfang November kam das Kind. An eine Prüfung im Februar war nicht zu denken. Ich verschob die deutsche Prüfung um vier Monate auf Juli 1999 und ging im April als stillende Mutter zur einwöchigen Europäischen Eignungsprüfung mit den vier Modulen A bis D. Nie werde ich vergessen, wie die Brust nach dem fünfstündigen *C-Teil* spannte, und nie die Erleichterung, mit der ich noch auf der Toilette des Europäischen Patentamts die Milch abgepumpt habe. Derweil saß meine Mutter zuhause mit dem Baby und wartete auf den abgepumpten Nachschub.

Lustigerweise habe ich ausgerechnet diesen C-Teil bestanden, während ich wie viele andere Kolleg*innen für die übrigen Module im Jahr darauf noch einmal antreten musste. Ende August 1999 wurde ich nach bestandener Prüfung zur Deutschen Patentanwältin zugelassen. Die Mitteilung über die bestandene Europäische Eignungsprüfung erhielt ich im Herbst 2000. Ich hatte es tatsächlich geschafft und kann nun alle Abiturientinnen und Studentinnen in MINT-Fächern motivieren.

DEUTSCHES REICH

AUSGEGEBEN AM
28. MÄRZ 1929

REICHSPATENTAMT
PATENTSCHRIFT
№ 474232
KLASSE **21h** GRUPPE 8
V 21579 VIIIb/21h
Tag der Bekanntmachung über die Erteilung des Patents: 14. März 1929

Anna Veit geb. Oberdorfer in Winterthur, Schweiz

Sicherheitsvorrichtung zur Verhütung des Durchbrennens der Heizwiderstände elektrischer Bügeleisen

Patentiert im Deutschen Reiche vom 25. August 1926 ab

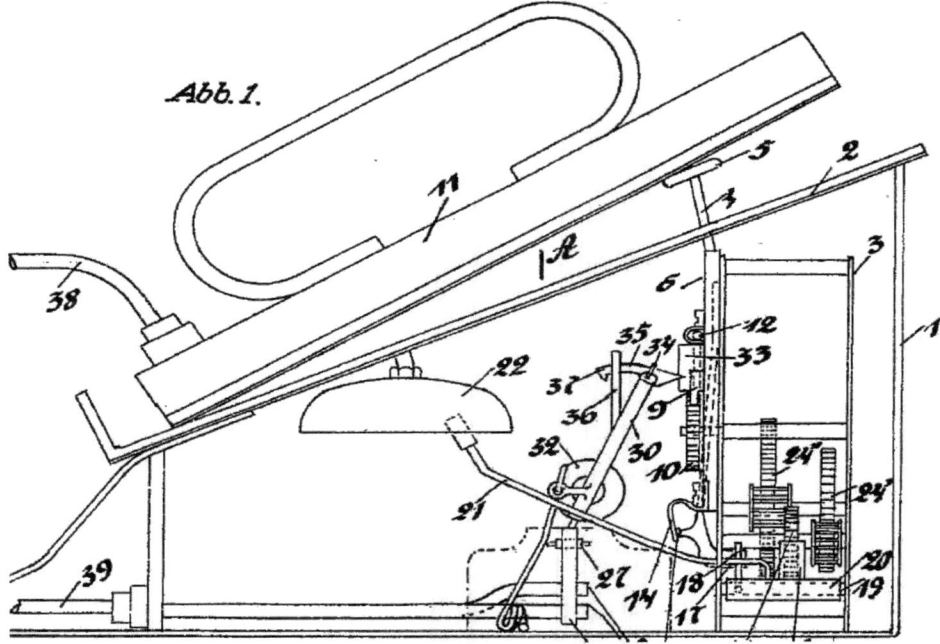

1. Sicherheitsvorrichtung zur Verhütung des Durchbrennens der Heizwiderstände elektrischer Bügeleisen, gekennzeichnet durch die Vereinigung einer Signal- und selbsttätigen Stromausschaltungsvorrichtung am Bügeleisenuntersatz, dergestalt, daß nach einer bestimmten Zeit ein Warnungssignal ertönt und nach Ablauf einer weiteren, vorher einstellbaren Zeit die selbsttätige Ausschaltung des Stromes herbeigeführt wird, falls nicht vorher das Bügeleisen ausgeschaltet oder wieder vom Untersatz abgenommen worden ist.

2 Lage der Nation

Bevor wir darüber reden, wieso es so wenige Erfinderinnen gibt und was wir dagegen tun können, schauen wir uns erst einmal ein paar Zahlen und Beispiele an. Wie viele Erfinderinnen gibt es eigentlich? Beschäftigt sich schon jemand mit dieser Frage? Was sind das für Frauen, die tun, was sonst kaum eine Frau tut: erfinden?

Das Thema *Frauen und Technik* hat eine lange, leider nicht immer ruhmreiche Geschichte. Noch heute fehlen weibliche Vorbilder aus dem MINT-Bereich nicht nur bei der Berufswahl, sondern auch zur Benennung von Gesellschaften und Vereinen. Während es reichlich Männer wie Planck, Fraunhofer oder Leibniz gibt, die als wissenschaftliche Vorbilder der Namensgebung von Gesellschaften dienen, sind Frauen außer Marie Curie und Lise Meitner selten berühmt genug. Das erfinderische Potenzial von Frauen scheint ebenfalls noch zu schlummern. Die derzeit weiblich besetzten Spitzenämter des Deutschen Patent- und Markenamts und des Bundespatentgerichts dürfen – ähnlich wie in der Vergangenheit im Bundeskanzleramt – nicht über die tatsächliche Situation hinwegtäuschen. Einzelne Frauen sind wie die sprichwörtlichen Schwalben, die noch keinen Sommer machen. Es gibt sie, aber daraus dürfen wir alle nicht zu viel Hoffnung schöpfen.

Wo steht Deutschland derzeit wirklich? Im Patentwesen sind Männer und Frauen unter anderem als Erfinder*innen, als Patentanwält*innen und als Prüfer*innen im Deutschen Patent- und Markenamt (DPMA) tätig. Erhebungen unter Genderaspekten liegen praktisch keine vor.

Das DPMA als Arbeitgeber spricht Bewerber*innen gendergerecht auf seiner Internetpräsenz an[1] und zeigt das Bild einer Frau. Neben der Präsidentin und der Vizepräsidentin ist die Leitung der Hauptabteilungen mit je zwei Frauen und zwei Männern paritätisch besetzt. Die Leitung der Hauptabteilung Patente und Gebrauchsmuster obliegt einem Mann[2]. Das Organigramm ist anonymisiert, so dass hier keine weiteren Daten öffentlich verfügbar sind[3]. Deutlich zu erkennen ist, dass das DPMA sich mit dem Thema Diversität beschäftigt und Anstrengungen unternimmt, mehr Frauen für MINT-Fächer zu interessieren[4].

Anders verhält es sich bei der Patentanwaltskammer[5], die sich auf ihrer Internetseite nicht durchgehend gendergerecht ausdrückt[6] und nur eine geringe Anzahl weiblicher Kolleginnen in den Bildern zeigt. Demgegenüber werden nicht-akademische Patentanwaltsfachangestellte durchweg als Frauen dargestellt. Die Fachzeitschrift der Mitglieder der Patentanwaltskammer ist die im Titel nicht gegenderte Zeitschrift *Mitteilungen der deutschen Patentanwälte*. Wenn es schon wenige Frauen gibt, die ein abgeschlossenes naturwissenschaftliches oder technisches Studium vorweisen können, so gibt es noch weniger Patentanwältinnen. Etwa 4 000 Patentanwält*innen sind derzeit Mitglied der Patentanwaltskammer, davon nur etwa 10 Prozent Frauen.

Und Erfinderinnen? Die Google-Stichwortsuche *Erfinderin* liefert Seiten mit Aufzählungen vereinzelter Erfinderinnen[7,8,9], die ultimativ immer zu den gleichen Namen führen. Bekannt sind Ada Lovelace, Hedy Lamarr, Melitta Bentz, Nicole Cliquot, Mary Anderson, Josephine Cochrane oder Alice H. Parker. In der Aufzählung der Erfinderinnen des DPMA *Patente Frauen*[10] taucht noch die US-Amerikanerin Stephanie Luise Kwolek auf, die Erfinderin der Kevlar-Kunstfaser. Auch die Pharmazie-Koryphäe Gertrude Belle Elion, die Heilmittel zur Behandlung von Malaria, Leukämie, Gicht, Herpes und Aids und allerlei anderen gruseligen Leiden entwickelt und weiterentwickelt hat, ist dort zu finden. Die Österreicherin Ingeborg Hochmair als Erfinderin des Cochlea-Implantats ist ebenso Teil der Aufzählung wie ihre Landsfrau Lise Meitner. Letztere wurde weniger für ihre Tätigkeit als Erfinderin als – ähnlich wie Marie Curie – für ihre Forschungsergebnisse und den nicht erhaltenen Nobelpreis bekannt. Immerhin war die Erfinderin des Fallschirms, Käthe Paulus, eine Deutsche. Aber was läuft denn falsch in Deutschland? Selbst Käthe Paulus meldete ihre Erfindungen nicht hier zum Patent an, sondern in Österreich und der Schweiz.

Auch Nancy Johnson, die Erfinderin der Eismaschine, Maria Telkes, die Solarheizungskönigin, Ann Tsukamoto, der die Isolation von Stammzellen gelang, Marion Donovan, die Erfinderin der Einwegwindel, Bette Graham, die mit Tipp-Ex vielen Sekretär*innen das Leben leichter machte, und Rosalind Franklin mit ihrer DNA-Doppelhelix waren keine deutschen Erfinderinnen.

Viele der als *Erfinderin* bezeichneten Frauen haben Leistungen erbracht, die der Nachwelt bekannt sind, aber im strengen, patentrechtlichen Sinn keine Erfindungen sind. So wird Herta Heuwer als die *Erfinderin* der Currywurst bezeichnet[11] und Brownie Wise als *Erfinderin* der Tupperparty. Beide sind jedoch in keiner Druckschrift genannt, die in der Patentdatenbank des Deutschen Patent- und Markenamts, DEPATISnet, veröffentlicht ist, weil ihre Innovationen keine patentfähige Erfindung im Sinne des Patentgesetzes darstellen.

Irgendjemand muss aber zu den wenigen in deutschen Patentanmeldungen genannten Erfinderinnen gehören. Marga Faulstich ist eine derjenigen, die es wenigstens zu einiger Berühmtheit gebracht haben[12]. Wer sich an die dicken Bullaugenbrillen erinnert, die stark fehlsichtige Menschen früher tragen mussten, kann sich bei ihr bedanken: Ohne sie gäbe es die eleganten Brillen mit dünnen Gläsern bei hohen Dioptrienwerten nicht.

Zahlen über erfindende Frauen in Deutschland gibt es überhaupt erst seit Ende 2018. Der Frauenanteil bei den Erfinder*innen ist noch einmal geringer als bei der Patentanwaltschaft. Im Dezember 2018 veröffentlichte das Deutsche Patent- und Markenamt unter dem Titel *Innovationspotential liegt brach – Nur sechs Prozent Erfinderinnen* eine Studie[13], aus der sich ergab, dass der Erfinderinnen-Anteil in deutschen Patentanmeldungen seit Jahren bei etwa sechs Prozent oder sogar darunter liegt. Wir haben also nicht nur weniger berühmte Erfinderinnen als beispielsweise in den USA, sondern überhaupt nur wenige Erfinderinnen.

Wie kann das sein? Sind wir Frauen weniger kreativ, dümmer, schlechter ausgebildet und haben ein kleineres Gehirn? Die Argumente, mit denen Männer den Zugang von Frauen zu wichtigen Rechten, wie etwa einem Studium oder dem

Wahlrecht verwehrt hatten, sind über hundert Jahre alt und ich mag nicht so richtig glauben, dass das Erfinder-Gen männlich ist. Es muss also andere Ursachen geben.

> **Patentgesetz**
> **§ 1**
> (1) Patente werden für Erfindungen auf allen Gebieten der Technik erteilt, sofern sie neu sind, auf einer erfinderischen Tätigkeit beruhen und gewerblich anwendbar sind
> (2) Patente werden für Erfindungen im Sinne von Absatz 1 auch dann erteilt, wenn sie ein Erzeugnis, das aus biologischem Material besteht oder dieses enthält, oder wenn sie ein Verfahren, mit dem biologisches Material hergestellt oder bearbeitet wird oder bei dem es verwendet wird, zum Gegenstand haben. Biologisches Material, das mit Hilfe eines technischen Verfahrens aus seiner natürlichen Umgebung isoliert oder hergestellt wird, kann auch Gegenstand einer Erfindung sein, wenn es in der Natur schon vorhanden war.
> (3) Als Erfindungen im Sinne des Absatzes 1 werden insbesondere nicht angesehen:
> 1. Entdeckungen sowie wissenschaftliche Theorien und mathematische Methoden;
> 2. ästhetische Formschöpfungen;
> 3. Pläne, Regeln und Verfahren für gedankliche Tätigkeiten, für Spiele oder geschäftliche Tätigkeiten sowie Programme für Datenverarbeitungsanlagen ;
> 4. die Wiedergabe von Informationen.
> (4) Absatz 3 steht der Patentfähigkeit nur insoweit entgegen, als für die genannten Gegenstände oder Tätigkeiten als solche Schutz begehrt wird.

Gesetzlich ist vorgesehen, dass nicht jede Innovation patentiert werden kann, sondern nur Erfindungen auf einem Gebiet der Technik. Eine gute Geschäftsidee, eine neue Therapiemethode oder ein Lernverfahren sind folglich nicht schutzfähig. Bei Erfindungen reden wir über Physik, Chemie, Maschinenbau, Elektrotechnik, Fahrzeugtechnik und dergleichen mehr. Kurz: Männerdomänen. Man könnte nun darauf kommen, dass Frauen deshalb so wenig erfinden, weil es in diesen Bereichen überhaupt wenige Frauen gibt. Das ist aber nur die halbe Wahrheit. Ganz unabhängig davon, dass man natürlich nicht studiert haben, ja nicht einmal eine Ausbildung vorweisen muss, um eine Erfindung zu machen, reden wir aber auch von deutlich mehr als sechs Prozent Frauen in den einschlägigen Gebieten, aus denen die Erfindungen kommen.

Im Jahr 2019 immatrikulierten sich an deutschen Hochschulen 8 949 Studierende für das Fach Physik, davon 2 874 Frauen – immerhin 32 Prozent[14]. In der Chemie waren es stolze 3 576 Frauen von 7 438 Studienanfängerinnen, also mit 48 Prozent etwa die Hälfte. Im Maschinenbau betrug der Frauenanteil noch über 13 Prozent. Selbst in der Fahrzeugtechnik, wo in Deutschland traditionell viel erfunden wird, ist der Anteil der Studienanfängerinnen mit acht Prozent höher als der Anteil der Erfinderinnen von sechs Prozent. Offensichtlich gibt es über den oft beklagten

Frauenmangel in Naturwissenschaft und Technik hinaus andere Effekte, die den Anteil an Erfinderinnen schrumpfen lassen.

Die Veröffentlichung des DPMA zum Anteil der Erfinderinnen war eine Eintagsfliege. Alle möglichen Patentaktivitäten werden jährlich statistisch detailliert ausgewertet und in Jahresberichten[15] veröffentlicht. Das gilt leider nicht für den Anteil der Erfinderinnen. Im Jahr 2020 wurden 62 105 Patentanmeldungen beim DPMA eingereicht, davon 42 249 von Anmelderinnen und Anmeldern mit inländischem Wohn- oder Firmensitz.

Sieger unter den deutschen Bundesländern sind mit großem Abstand Baden-Württemberg mit 13 687 Patentanmeldungen und Bayern mit 12 700 Patentanmeldungen. Die Aktivitäten in Mecklenburg-Vorpommern mit 107 und Sachsen-Anhalt mit 161 Patentanmeldungen nehmen sich im Vergleich geradezu niedlich aus. Selbstverständlich erkennen auch die Statistiker im DPMA, dass mehr Leute in Bayern als in Mecklenburg-Vorpommern leben. Leider hilft dieses Argument wenig, denn im Süden der Republik werden 123 (Baden-Württemberg) bzw. 97 (Bayern) Erfindungen pro 100 000 Einwohner zum Patent angemeldet, während es die beiden Schlusslichter gerade einmal auf eine Jahresinzidenz von 7 bringen. Schaut man sich allerdings an, in welchen Bundesländern besonders hohe Frauenanteile zu verzeichnen sind, kehrt sich das Bild um: Mecklenburg-Vorpommern ist mit 10,4 Prozent zwar nicht Spitzenreiter (das ist Hamburg mit 16,3 Prozent), aber recht weit vorne, während Baden-Württemberg und Bayern gerade den halben Frauenanteil um fünf Prozent vorweisen können.

Bei den Erfinderaktivitäten ist es wie bei den Reichen und den Armen: Nur 4,2 Prozent der Anmelder*innen sind Großanmelder und melden 68 Prozent der Patente an. Dazu gehören neben Spitzenreiter Bosch vor allem die Automobilindustrie und deren Zulieferer (Schaeffler, BMW, Daimler, Ford, VW und Audi). Es lässt sich leicht erahnen, aus welchen Bereichen die Erfindungen kommen. Zu den Big Five gehören Transport, elektrische Maschinen, Messtechnik, Maschinenelemente und Computertechnik.

KAISERLICHES PATENTAMT.

PATENTSCHRIFT
— № 142900 —

KATHARINA GEISHECKER in KREFELD.
Gewirktes Unterbeinkleid u. dgl. mit eingesetztem, geschlitztem Gesäßteil.
Patentiert im Deutschen Reiche vom 1. Mai 1902 ab.

A

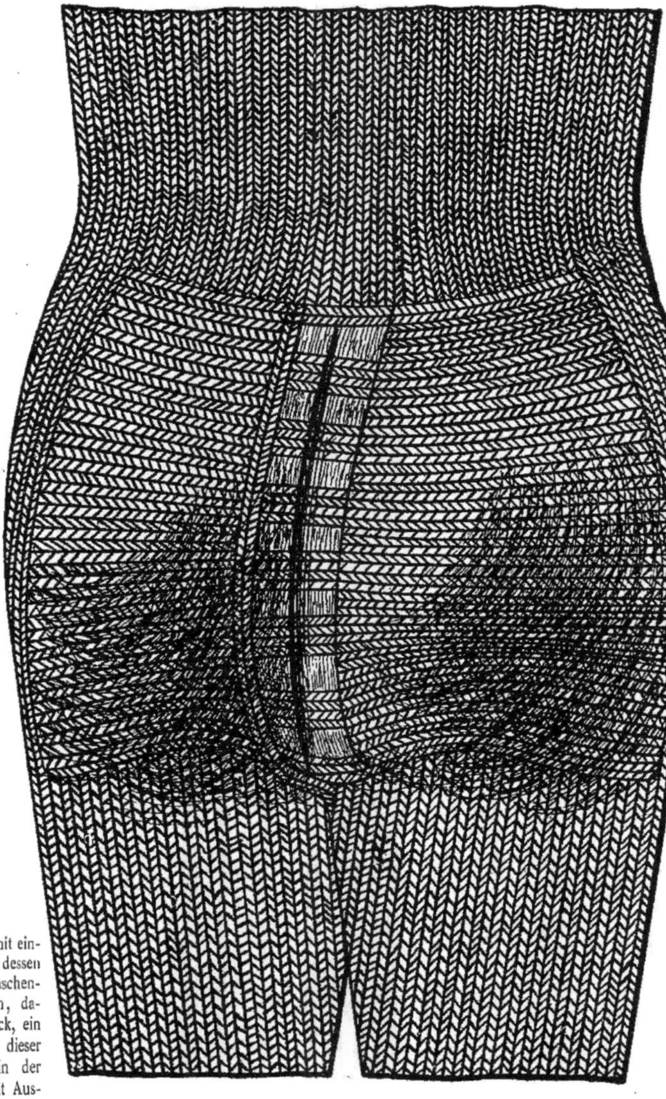

Gewirktes Unterbeinkleid o. dgl. mit eingesetztem, geschlitztem Gesäßteil, dessen Maschenreihen quer zu den übrigen Maschenreihen des Unterbeinkleides verlaufen, dadurch gekennzeichnet, daß zum Zweck, ein Sperren des Schlitzes zu verhüten, dieser Gesäßteil unter Benutzung der in der Wirkerei üblichen Arbeitsweisen mit Ausbeutelungen gearbeitet wird, die sich der Körperform anpassen.

Und was hat das mit den Frauen zu tun? Die Untersuchung des Patentamts aus dem Jahr 2018 liefert hier interessante Erkenntnisse: Der Frauenanteil ist nämlich nicht gleich verteilt, sondern in einigen Bereichen höher als in anderen. In der *Organischen Feinchemie* ist der Erfinderinnenanteil 32,4 Prozent, während er in *Grundlegende Verfahren der Kommunikationstechnik* bei 2,4 Prozent liegt. Es scheint, dass Hemmnisse sinken, wenn die Erfinderinnen mehr Frauen um sich herum haben.

So weit die öffentlichen Daten zu erfindenden Frauen. Das ist zu wenig und deshalb lege ich hier noch ein bisschen nach:

Zu den frühen deutschen Patenten von Frauen gehört die DE 142900 – so zitieren das die Patentleute – von Katharina Geishecker in Krefeld: ein *Gewirktes Unterbeinkleid u. dgl. mit eingesetztem, geschlitzten Gesäßteil*, patentiert *im Deutschen Reiche vom 1. Mai 1902*. Offensichtlich zwickte bis dahin das Unterbeinkleid und schmiegte sich am Gesäß nicht richtig an den Körper. Frau Geishecker löste ein Problem, das nur Frauen hatten. Ohne ihre Erkenntnis wäre die Erfindung nicht gemacht worden. Eine echte Erfindung von einer Frau für Frauen.

DE 201 973 von *Witwe Franziska Vogeler, geb. Husz und ihre Kinder ...* patentiert ein *Verfahren zur Herstellung von antiseptischen Hufeinlagen im Deutschen Reiche vom 12. August 1906*. Auf dem Land arbeiteten die Frauen mit. Hornfäule am Huf des geliebten Pferdes? Das erforderte antiseptische Hufeinlagen!

Und was erfinden Frauen heute so? Zu den wohl bekanntesten Erfinderinnen derzeit gehören sicherlich Özlem Türeci, die Erfinderin des BioNTech-Impfstoffs, und die als Finalistin beim Deutschen Zukunftspreis 2021[16] bekannt gewordene Carla Recker mit ihrem Reifenmaterial aus Löwenzahn.

Da ist aber auch die Elektrotechnikerin und Physikerin Doris Schmitt-Landsiedel, die bei Siemens mit über 50 Patenten für viel erfinderischen Fortschritt in der Mikroelektronik sorgte[17]. Susanne Dickhof beglückte ihren Arbeitgeber Henkel mit 62 Erfindungen aus dem Bereich Kosmetik und Haarpflege, die unter ihrem Namen veröffentlicht sind.

Ihre Kollegin bei Beiersdorf, Stephanie von der Fecht, ist in der Datenbank des DPMA mit 64 Erfindungen gelistet, die sich ebenfalls mit Kosmetik und dermatologischen Zusammensetzungen beschäftigen.

Bei Daimler ist natürlich Bertha Benz der Star der bekannten Erfinderinnen. Über diese Frau wurde bereits viel geschrieben, was wir hier nicht wiederholen müssen.

Ist es Zufall, dass die mit dem Europäischen Erfinderpreis ausgezeichnete, prominenteste Erfinderin bei Bosch, Andrea Urban, die wie Doris Schmitt-Landsiedel im Bereich Halbleiter tätig ist, bei Wikipedia nicht zu finden ist?

---

1 https://www.dpma.de/dpma/karriere/index.html
2 https://www.dpma.de/dpma/wir_ueber_uns/organisation/index.html
3 https://www.dpma.de/docs/dpma/organigramm_anonymisiert.pdf
4 https://www.dpma.de/dpma/wir_ueber_uns/komm_mach_mint/index.html
5 https://www.patentanwalt.de/de/patentanwaelte/berufsbild.html
6 https://www.patentanwalt.de/files/pak/pdf/pa/berufsbild/18_03_Mehr_zum_Berufsbild.pdf
7 http://www.meinhard.privat.t-online.de/frauen/patent.html
8 https://www.one.org/de/blog/2017/02/12/10-weibliche-erfinder-die-ihr-definitiv-kennenlernen-solltet/
9 https://www.brigitte.de/aktuell/gesellschaft/beruehmte-erfinderinnen-10088860.html
10 https://www.dpma.de/dpma/veroeffentlichungen/aktuelles/patentefrauen/patentefrauen/index.html
11 https://www.emma.de/thema/erfinderin
12 https://www.brigitte.de/aktuell/gesellschaft/beruehmte-erfinderinnen-10088860.html
13 https://www.dpma.de/service/presse/pressemitteilungen/20181221.html
14 Statistisches Bundesamt: https://www.destatis.de/DE/Themen/Gesellschaft-Umwelt/Bildung-Forschung-Kultur/Hochschulen/Publikationen/Downloads-Hochschulen/kennzahlen-nichtmonetaer-2110431197004,pdf?__blob=publicationFile , Seite 622
15 https://www.dpma.de/dpma/veroeffentlichungen/jahresberichte/index.html
16 https://www.deutscher-zukunftspreis.de/de/preistraeger-und-nominierte
17 https://new.siemens.com/de/de/unternehmen/konzern/geschichte/specials/frauen-bei-siemens.html

(12) INTERNATIONAL APPLICATION PUBLISHED UNDER THE PATENT COOPERATION TREATY (PCT)

(19) World Intellectual Property Organization
International Bureau

(43) International Publication Date
28 October 2021 (28.10.2021)

(10) International Publication Number
WO 2021/214204 A1

(51) International Patent Classification:
C12N 15/11 (2006.01) *C12N 15/10* (2006.01)
A61K 39/215 (2006.01) *C07H 21/00* (2006.01)
A61K 45/06 (2006.01) *C07H 21/02* (2006.01)
C12N 15/00 (2006.01)

(21) International Application Number:
PCT/EP2021/060508

(22) International Filing Date:
22 April 2021 (22.04.2021)

(25) Filing Language: English

(26) Publication Language: English

(30) Priority Data:
PCT/EP2020/061239 22 April 2020 (22.04.2020) EP
PCT/EP2020/066968 18 June 2020 (18.06.2020) EP
PCT/EP2020/068174 26 June 2020 (26.06.2020) EP
PCT/EP2020/069805 13 July 2020 (13.07.2020) EP
PCT/EP2020/071733 31 July 2020 (31.07.2020) EP
PCT/EP2020/071839 03 August 2020 (03.08.2020) EP
PCT/EP2020/073668 24 August 2020 (24.08.2020) EP
PCT/EP2020/081544 09 November 2020 (09.11.2020) EP
PCT/EP2020/081981 12 November 2020 (12.11.2020) EP
PCT/EP2020/082601 18 November 2020 (18.11.2020) EP
PCT/EP2020/082989 20 November 2020 (20.11.2020) EP
PCT/EP2020/083435 25 November 2020 (25.11.2020) EP
PCT/EP2020/084342 02 December 2020 (02.12.2020) EP
PCT/EP2020/085145 08 December 2020 (08.12.2020) EP
PCT/EP2020/085653 10 December 2020 (10.12.2020) EP
PCT/EP2020/087844 23 December 2020 (23.12.2020) EP
PCT/EP2021/050027 04 January 2021 (04.01.2021) EP
PCT/EP2021/050875 15 January 2021 (15.01.2021) EP
PCT/EP2021/050874 15 January 2021 (15.01.2021) EP
PCT/EP2021/051772 26 January 2021 (26.01.2021) EP
PCT/EP2021/052572 03 February 2021 (03.02.2021) EP
PCT/EP2021/052716 04 February 2021 (04.02.2021) EP
PCT/EP2021/054622 24 February 2021 (24.02.2021) EP
PCT/EP2021/059947 16 April 2021 (16.04.2021) EP

(71) Applicant: **BIONTECH SE** [DE/DE]; An der Goldgrube 12, 55131 Mainz (DE).

(72) Inventors: **SAHIN, Ugur**; c/o BioNTech RNA Pharmaceuticals GmbH, An der Goldgrube 12, 55131 Mainz (DE). **GÜLER, Alptekin**; c/o BioNTech RNA Pharmaceuticals GmbH, An der Goldgrube 12, 55131 Mainz (DE). **KUHN, Andreas**; c/o BioNTech RNA Pharmaceuticals GmbH, An der Goldgrube 12, 55131 Mainz (DE). **MUIK, Alexander**; c/o BioNTech RNA Pharmaceuticals GmbH, An der Goldgrube 12, 55131 Mainz (DE). **VOGEL, Annette**; c/o BioNTech RNA Pharmaceuticals GmbH, An der Goldgrube 12, 55131 Mainz (DE). **WALZER, Kerstin**; c/o BioNTech RNA Pharmaceuticals GmbH, An der Goldgrube 12, 55131 Mainz (DE). **WITZEL, Sonja**; c/o TRON - Translationale Onkologie an der Universitätsmedizin der Johannes Gutenberg-Universität Mainz gemeinnützige GmbH, Freiligrathstr. 12, 55131 Mainz (DE). **HEIN, Stephanie**; c/o BioNTech RNA Pharmaceuticals GmbH, An der Goldgrube 12, 55131 Mainz (DE). **TÜRECI, Özlem**; c/o BioNTech RNA Pharmaceuticals GmbH, An der Goldgrube 12, 55131 Mainz (DE). **BOROS, Gábor**; c/o BioNTech RNA Pharmaceuticals GmbH, An der Goldgrube 12, 55131 Mainz (DE). **MAHINY, Azita Josefine**; c/o BioNTech RNA Pharmaceuticals GmbH, An der Goldgrube 12, 55131 Mainz (DE). **REINHOLZ, Jonas**; c/o BioNTech RNA Pharmaceuticals GmbH, An der Goldgrube 12, 55131 Mainz (DE). **KARIKO, Katalin**; c/o BioNTech RNA Pharmaceuticals GmbH, An der Goldgrube 12, 55131 Mainz (DE).

(74) Agent: **SCHNAPPAUF, Georg**; Zwicker Schnappauf & Partner Patentanwälte PartG mbB, Hansastr. 32, 80686 München (DE).

(81) Designated States *(unless otherwise indicated, for every kind of national protection available)*: AE, AG, AL, AM, AO, AT, AU, AZ, BA, BB, BG, BH, BN, BR, BW, BY, BZ, CA, CH, CL, CN, CO, CR, CU, CZ, DE, DJ, DK, DM, DO, DZ, EC, EE, EG, ES, FI, GB, GD, GE, GH, GM, GT, HN,

(54) Title: RNA CONSTRUCTS AND USES THEREOF

(57) **Abstract:** Disclosed herein are RNA polynucleotides comprising a 5' Cap, a 5' UTR comprising a cap proximal sequence disclosed herein, and a sequence encoding a payload. Also disclosed herein are compositions and medical preparations comprising the same, and methods of making and using the same.

KAISERLICHES PATENTAMT.

PATENTSCHRIFT
— № 201973 —
KLASSE 45i. GRUPPE 5.

AUSGEGEBEN DEN 22. SEPTEMBER 1908.

Witwe FRANZISKA VOGELER geb. HUSZ
und ihre Kinder:
PAULA VOGELER, KURT VOGELER, ELISABETH VOGELER
und BERNHARD VOGELER, sämtlich in ERFURT.

Verfahren zur Herstellung von antiseptischen Hufeinlagen.

Patentiert im Deutschen Reiche vom 12. August 1906 ab.

Allen Einlagen aus Huflederkitt, Stroh, Faser, Filz, Gummi u. dgl. haftet der Übelstand an, daß sich fauliges Horn unter ihnen bildet, sobald sie von einem Beschlag bis zum anderen im Hufeisen verbleiben.

Um Hornfäule zu vermeiden, ist es üblich, vor Anbringung solcher Hufeinlagen (es sind auch Hufeinlagen bekannt, die aus einer Mischung von Huflederkitt mit Hornstücken bestehen) die Hufsohle mit heißgemachtem Teer auszustreichen. Dieses Verfahren ist bei empfindlichen Pferden schwer ausführbar und auch bedenklich. Da der Huf wie der menschliche Fuß ausdünstet, so führt die Abschließung der Hufsohle mittels einer undurchlässigen Unterlage einen feuchten Belag herbei. Dieser führt leicht zu einer Erweichung und schließlich zu einer faulen Zersetzung des Hufes, so daß solche Einlagen die Huffäule eher herbeiführen statt sie zu verhindern.

Gemäß dem Verfahren der vorliegenden Erfindung soll einem plastischen Material, wie es der Huflederkitt ist, eine solche Eigenschaft gegeben werden, daß die schädlichen Nebenwirkungen in Fortfall kommen.

Das Verfahren wird in der Weise ausgeführt, daß Korkteile in Bohnengröße mit einem Antiseptikum, z. B. Chinosol, Lysol, getränkt werden und dann mit der flüssig gemachten Guttaperchamasse vermischt werden. Hierauf wird bei niedriger Temperatur eine Verdunstung der den Korkteilen durch das Antiseptikum beigegebenen Feuchtigkeit herbeigeführt. Aus dieser Masse werden dann in bekannter Weise Platten gewalzt und zu Gebrauchsstücken zugeschnitten.

Dem reinen Huflederkitt würden sich die Desinfektionsstoffe nicht beimischen lassen, dagegen saugen die bohnengroßen Korkstücke den Desinfektionsstoff reichlich auf und können ihn, wo sie mit der Hufsohle in Berührung kommen, in gelöster Form leicht wieder abgeben. Mit Hilfe der präparierten Korkstücke soll die faulige Hornbildung bei der Anwendung der Einlage verhindert und diejenigen Stellen, an denen vorher der Hufstrahl faulig war, durch das Antiseptikum zerstört werden. Den Lösungsstoff für das gebundene Antiseptikum bietet dann hier die Feuchtigkeit der Hufsohle, welche sich bei allen Dauereinlagen entwickelt. Den Druck zur Einführung des Antiseptikums in die tieferen Stellen der Hufsohle liefert die Einlage selbst, wenn sie sich beim Auftreten des Tieres gegen die Sohle preßt.

Patent-Anspruch:

Verfahren zur Herstellung von antiseptischen Hufeinlagen, dadurch gekennzeichnet, daß Korkstücke in Bohnengröße mit einem Antiseptikum (z. B. Chinosol, Lysol) imprägniert, dann mit dem flüssig gemachten Huflederkitt vermischt werden und hierauf die Feuchtigkeit des Korkes bei niedriger Temperatur wieder verdunstet wird.

BERLIN. GEDRUCKT IN DER REICHSDRUCKEREI.

3 Ehrlos

Was sind Erfinderinnen eigentlich für eine Spezies? Wenn man Glück hat, trifft man sie bei der Verleihung verschiedener Medaillen und Preise für Erfinder*innen. Leider eher selten, denn noch immer sitzen in vielen Jurys überwiegend Männer und Erfindungen von Frauen retten nicht die Welt. Oder doch? Ich jedenfalls möchte den Scheibenwischer an meinem Wagen nicht missen!

Ich gehe davon aus, dass die technische Kreativität oder was auch immer für Erfindungen an geistigen Fähigkeiten erforderlich ist, bei Männern und Frauen gleich verteilt ist. Das kann ich leider nicht belegen und ich will gar nicht ausschließen, dass das eine oder andere Geschlecht aufgrund biologischer Unterschiede eher mal vom Üblichen abweicht und *spinnerte* Ideen hat. Hier ist es eine Hypothese.

Wenn die Kreativität tatsächlich nicht danach schaut, wer sie produziert, dann machen Frauen genauso viele Erfindungen wie Männer und das wiederum bedeutet, dass Frauen ihre Erfindungen nicht erkennen oder nicht zum Patent anmelden und folglich nicht in den Genuss all der schönen Anerkennung kommen, die Erfinder*innen zuteil wird. Im Patentrecht wird diese ungegendert als *Erfinderehre* bezeichnet.

Erfinderehre ist positiv konnotiert und Erfinder*innen haftet in der Öffentlichkeit die Aura des Besonderen an. Dabei sind in der harten Realität in den Betrieben Erfinder*innen nicht immer wohl gelitten. Ich selber habe mehr als einen Erfinder erlebt, der aufgrund seiner *verrückten Ideen* ausgegrenzt und gemobbt wurde. Erfinder*innen denken anders als normale Forscher*innen und Entwickler*innen. Man könnte auch sagen: Erfinder*innen haben einen *an der Klatsche*. Das muss so sein, denn sonst kämen sie ja gar nicht auf ihre erfinderischen Ideen. Natürlich ist auch ein Haufen geistiger Schrott dabei. Nicht alles, was einem kreativen Hirn entspringt, lässt sich gleich wirtschaftlich verwerten. Erfinder*innen erfinden nicht nur in ihrem eigenen Aufgabengebiet. Sie denken sich auch allerlei andere sonderbare Sachen im Alltag aus, die beim Mainstream im günstigsten Fall auf Kopfschütteln, im schlechtesten Fall zu Mobbing führen.

Erfinder*innen müssen dabei nicht zwingend den Eindruck eines Daniel Düsentrieb in einer vermüllten Garage vermitteln. Sie sind häufig ordentliche Arbeitskräfte in den sauberen Laboren der Wissenschaft oder Entwicklungsabteilungen. Aber das Mindset ist ein anderes, unkonventionelles.

In großen Betrieben hat man erkannt, dass Erfinder*innen zwar das größte Asset sind, wenn es um Innovationen geht, aber auch, dass es schwer ist, die Erfinder*innen in den normalen Betriebsalltag zu integrieren. Viele Betriebe haben daher eine eigene Spielwiese geschaffen, wo die vermeintlich verrückten Ideen diskutiert, ausprobiert, verworfen und wieder aufgenommen werden können. Ein Geschäftsführer hat mir mal erklärt: *Irgendwann müssen die Erfinder aus dem Projekt herausgenommen werden. Dann können normale Entwickler die Ideen zur Marktreife bringen.* Er hat natürlich recht: Ein Erfinder oder eine Erfinderin wird immer noch Möglichkeiten finden, die Erfindung zu verbessern oder zu verwerfen und durch eine Alternative zu ersetzen. Wer aber Innovationen nicht einfach im Labor oder der Entwicklungsabteilung lassen möchte, sondern echte Produkte auf den Markt bringen will, muss irgendwann einen Schnitt machen und sagen: *So ist es, an der Stelle wird nicht weiter erfunden. In ein paar Jahren können wir die nächste Version mit neuen Features präsentieren.*

Geben Frauen offen zu, dass sie ein bisschen verrückt sind? Frauen wollen lieber gemocht werden, als sich Respekt und Ehre zu verschaffen. Mit einem eingebildeten oder tatsächlichen Daniel-Düsentrieb-Image wollen viele Frauen nichts zu schaffen haben. Das klingt und ist natürlich stereotyp und übertrieben, aber ich will anhand der Stereotype und leichten Übertreibung verdeutlichen, was meiner Ansicht nach hinter der Frage steckt, warum so wenig Frauen ihre Erfindungen erkennen und schützen lassen.

Wenn Erfinder*innen vor der Wahl *Erfinderehre oder Beliebtheit?* stehen, wählen Frauen möglicherweise lieber die Beliebtheit. Sie passen sich an und behalten ihre verrückten Ideen, Visionen und innovativen Gedanken für sich. Dabei geht ihnen einiges durch die Lappen. Schauen wir einmal genauer hin, worauf sie bei dieser Entscheidung verzichten:

Zunächst einmal ganz profan: Als Arbeitnehmerin erhalten sie keine Arbeitnehmererfindervergütung. Das ist der monetäre Anteil am Erfindungserfolg. Unternehmen, welche die Erfindung eines Arbeitnehmers oder einer Arbeitnehmerin in Anspruch und in Benutzung nehmen, sind nach den Vorschriften des Arbeitnehmererfindergesetzes[1] verpflichtet, ihren Erfinder*innen eine Vergütung zu bezahlen. Nicht anrechenbar auf Lohn oder Gehalt, sondern zusätzlich. Damit wird die Erfinderin in den seltensten Fällen reich, aber bei Erfinder*innen, die öfter eine relevante Erfindung machen, kommt ein schönes Extra zusammen. Ein Unternehmen, das an der Erfindung kein Interesse hat, wird die Erfindung freigeben. Dann kann die Erfinderin selbst entscheiden, ob sie die Erfindung weiterverfolgt, schützen lässt und wirtschaftlich verwertet.

> **Gesetz über Arbeitnehmererfindungen**
> **§ 6 Inanspruchnahme**
>
> (1) Der Arbeitgeber kann eine Diensterfindung durch Erklärung gegenüber dem Arbeitnehmer in Anspruch zu nehmen.
> (2) Die Inanspruchnahme gilt als erklärt, wenn der Arbeitnehmer die Diensterfindung nicht bis zum Ablauf von vier Monaten nach Eingang der ordnungsgemäßen Meldung (§5 Abs. 2 Satz 1 und 3) gegenüber dem Arbeitnehmer durch Erklärung in Textform freigibt.

Etwas weniger profan ist die nicht erlangte Erfinderehre. Wer seine Erfindung nicht erkennt und /oder nicht zum Patent anmeldet, ist zwar für mich weiterhin Erfinder*in, aber diese Tatsache ist nicht offiziell. Und gerade in Deutschland wissen wir: Was nicht offiziell ist, das existiert auch nicht. Erfinderehre ist mit Anerkennung nicht nur im Freund*innenkreis, sondern auch im beruflichen Umfeld verbunden. Erfinder*innen erhalten möglicherweise mehr Geld und Ausstattung für Forschung und Entwicklung. In vielen Betrieben erhalten Erfinder*innen nicht nur ein Schulterklopfen bei der Markteinführung des neuen Produkts, sondern häufig auch eine finanzielle Anerkennungspauschale für das bloße Einreichen einer Erfindungsmeldung. Und schließlich werden Erfinder*innen auf den jeweiligen

Patentschriften und Offenlegungsschriften genannt und sind in diesen weltweit erkennbar verewigt.

Eine Patentanmeldung gilt als wissenschaftliche Publikation. Eigentlich eine praktische Angelegenheit: Die Erfinderin muss fast nichts schreiben, denn das erledigt die Patentanwältin für sie, und kann trotzdem ihre Publikationsliste verlängern. Wissenschaftliche Publikationen sind die Währung der Wissenschaftler*innen. Wer also fleißig Patente anmeldet, gilt zumindest im wissenschaftlichen Umfeld als erfolgreich. Wenn sie weniger Patentanmeldungen auf ihrer Publikationsliste angeben, müssen Frauen also beispielsweise für eine Berufung, Stipendien, Mittel und Ausstattung deutlich mehr strampeln als Männer.

Während eine lange wissenschaftliche Publikationsliste vor allem den beruflichen Erfolg im akademischen Umfeld befördert, ist die Nennung als Erfinder*in in einem oder mehreren Patenten auch etwas, das im Lebenslauf eine gute Referenz bei Bewerbungen in der Wirtschaft darstellt. Auch Headhunter dürften umfangreiche Erfinderaktivitäten wohlwollend betrachten. Innovative Unternehmen können Patentliteratur nutzen, um Know-how-Träger*innen zu identifizieren. Wenn Frauen weniger Patente anmelden und vermeintlich weniger erfinden, haben sie auch einen Nachteil gegenüber männlichen Mitbewerbern und gelangen nicht auf den Radar der Headhunter und innovativen Unternehmen.

Als Gruppe haben Erfinderinnen aufgrund des geringen Anteils eine geringere Sichtbarkeit. Während in der Erfindergalerie[2] des Deutschen Patent- und Markenamts unter 17 Männern keine einzige Frau auftaucht, sondern stattdessen ausländische Erfinderinnen auf einer eigenen Webseite aufgelistet werden, tut sich die gleichnamige Ausstellung *Patente Frauen*[3] schwer, überhaupt Erfinderinnen aufzuzählen. Trotz des Namens der Ausstellung greifen die Macherinnen auch auf solche Frauen zurück, die Großes geleistet haben, aber in keinem Patent als Erfinderin genannt sind. Nur Sarah Tucker und Sarah Bancroft (Badestuhl, Musterklammer), Martine Kempf (Spracherkennung für Rollstühle), Kate Jenkins (Schwimmweste), Julie Newmar (Strumpfhose), Maria Telkes und Eleanor Raymond (sonnenbeheiztes Haus) und Mary Anderson (Scheibenwischer) sind auf dieser Liste überhaupt in irgendwelchen Patenten als Erfinderin genannt. Es ist schon sehr beachtlich, dass keine dieser Erfinderinnen längere Zeit in Deutschland gelebt und gearbeitet hat. Sind wir wirklich auf Vorbilder aus den USA und dem übrigen Ausland angewiesen, weil wir keine erfolgreichen Erfinderinnen in Deutschland haben?

Unter dem Begriff *Erfinder* spuckt Google über 30 Millionen Ergebnisse aus. Hängt man zwei Buchstaben an und sucht nach *Erfinderin*, so erhält man nur noch etwa eine halbe Million Ergebnisse. Einschließlich derjenigen, bei denen Google aus *Erfinderin* kurzerhand *Erfinder* macht.

Zur Trefferliste gehören Ergebnisse, die einer Patentanwältin ihre langen Haare zu Berge stehen lassen. Ein Artikel *10 Erfinderinnen, die ihr definitiv kennen solltet*[4] nennt als Erstes Marie Curie. Nichts gegen die zweifache Nobelpreisträgerin. Frauen wie sie laufen uns nicht jeden Tag über den Weg. Aber als Erfinderin wird sie in der Patentliteratur des Deutschen Patent- und Markenamts wirklich nicht genannt[5]. Auch für Grace Hopper, die große Informatikerin aus den USA, wird sich kein Patent finden lassen, in dem sie genannt ist. Elizabeth Magie, die Erfinderin des Monopoly-Spiels, hatte hingegen eine gute Idee und das nötige Quäntchen Glück. Sie erhielt im Jahr 1923 ein Patent für ein Spiel, für das heute keine Erteilung mehr möglich wäre: Spiele sind nämlich per Gesetz explizit vom Patentschutz ausgenommen.

Die mangelnde Sichtbarkeit der Frauen spiegelt sich auch bei Auszeichnungen, Preisen und Ehrungen wieder. Der wohl wichtigste Preis ist der Europäische Erfinderpreis. Den kann nur gewinnen, wer ein erteiltes europäisches Patent vorweisen kann. Es scheint, dass die mit über 40 Prozent weiblich besetzte Jury[6] des Europäischen Patentamts mehr und mehr darauf achtet, auch Frauen auszuzeichnen. Denn während in den vier Jahren von 2006 bis 2009 nur zwei der 35 Preisträger Frauen waren, nämlich Andrea Urban und Catia Bastioli im Jahr 2007, waren in einem einzigen Jahr 2018 bereits drei Siegerinnen, nämlich Agnes Poulbot, Esther Sans Takeuchi und Ursula Keller, zu vermelden. Auch 2019 verzeichnete mit zwei Erfinderinnen jedenfalls einen höheren Frauenanteil bei den Preisträgerinnen als in den Anfangsjahren des Erfinderpreises. Bezeichnend ist, dass Andrea Urban trotz der Bedeutung ihrer Erfindungen und der Ehrung mit dem Europäischen Erfinderpreis nicht einmal bei Wikipedia genannt ist.

Wie sehr die Welt der Erfinder*innen von Männern beherrscht wird, kann man an der Rudolf-Diesel-Medaille erkennen. Den Preis vergibt das mit einem reinen Männervorstand und Männerbeirat besetzte Deutsche Institut für Erfindungswesen e. V.[7]. Im Bild des Kuratoriums stehen zwei Frauen in der ersten Reihe unter einigen Duzend Männern. In den Kategorien *Erfolgreichste Innovationsleistung* und *Nachhaltigste Innovationsleistung*, wo man Erfinderinnen suchen würde, wird man nur im Jahr 2017 fündig. Hier teilt sich Dr. Doris Schmack einen Preis. Ansonsten gilt für diese älteste aller Erfindungsauszeichnungen: Fehlanzeige in puncto Frauen seit 1953 bis heute.

Der mit saftigen 250 000 Euro dotierte Deutsche Zukunftspreis wird von einer mit immerhin 40 Prozent Frauen besetzten Jury vergeben. Leider scheint das nichts zu nützen, denn wir können von den dutzenden Preisen seit 1997 diejenigen an einer Hand abzählen, die an Frauen vergeben wurden. Ich finde, diese Damen haben die namentliche Erwähnung an dieser Stelle mehr als verdient:

- Maria-Regina Kuhla und Martina Pohl im Jahr 2002 für Biotechnologie-Forschung
- Melanie Klasen-Memmer im Jahr 2003 für Flüssigkristall-Displays
- Stephanie Mittermaier und Katrin Petersen im Jahr 2014 für Fleischersatz
- Helga Rübsamen-Schaeff im Jahr 2018 für ein Mittel gegen einen Virus
- Dagmar Kubitza und Elisabeth Perzborn im Jahr 2009 für Mittel gegen Herzinsuffizienz

Ein weiterer wichtiger Preis ist der Arthur-Fischer-Erfinderpreis in Baden-Württemberg. Die ausschließlich mit Männern besetzte Jury[8] hat viel Geld zu verteilen. Aber auch hier ist der Anteil der Preisträgerinnen deutlich kleiner als der der Preisträger. Ob es beim *Innovationspreis Bayern*, beim *Innovationspreis Thüringen* oder dem *Sächsischen Staatspreis für Design* anders ist, darf bezweifelt werden.

Es gibt aber nicht nur staatliche Preise. Auch Unternehmen wie Siemens[9] und Institute wie das Helmholtz-Zentrum Berlin[10] zeichnen ihre Erfinder*innen aus und ehren sie in feierlichen Zeremonien.

Alle diese Auszeichnungen, Preise und Ehrungen erzeugen Sichtbarkeit für Erfinder*innen und ihre Ideen und können Frauen nur dann zuteil werden, wenn sie nicht nur innovativ sind, sondern ihre Erfindungen zum Patent anmelden und verwerten. Manch einer wird jetzt rufen *Ja, dann meldet doch Patente an, ihr Frauen* und fragt sich vielleicht insgeheim, ob die Frauen nicht doch zu blöd sind oder gar nicht erfinden wollen.

Wie soll denn auch eine Schülerin, eine Studentin, eine Doktorandin, Professorin, Abteilungsleiterin, Unternehmerin oder Entwicklerin auf die Idee kommen, dass es etwas anderes gibt als die Arbeit im Labor oder im Betrieb, wenn sie keine weiblichen Vorbilder hat und keine Frau (oder einen Vater), die sie mal unverbindlich fragen kann, ob das, was sie da gerade tut, vielleicht eine schutzfähige Erfindung ist?

Man könnte meinen, dass Patentanwält*innen genau die Richtigen zur Beantwortung dieser Frage sind. Theoretisch schon. Meine eigenen Erfahrungen machen deutlich, wie sehr es mir geholfen hat, dass ich meinen patentanwaltlich gebildeten Vater vertrauensvoll zurate ziehen konnte. An dieser Stelle muss man berücksichtigen, dass Patentanwält*innen edlen Geblüts sind und Stundensätze haben, von denen ein sparsamer Mensch eine Woche in den Urlaub fährt. Mit Halbpension. Die Ängste einer hoffnungsvollen Erfinderin, die sich an den Abteilungsleiter oder die Rechtsabteilung wendet mit der Frage, ob sie patentanwaltlichen Rat beim Unternehmenspatentanwalt einholen kann, lassen sich also durchaus nachvollziehen.

Es ist nicht so, dass Patentanwält*innen nicht an Aufträgen interessiert sind. Vielfach halten wir Vorträge, veranstalten Erfindersprechstunden und Workshops und stehen für Fragen gerne zur Verfügung. Und natürlich sind wir in der Lage, wirklich alles in ein Patent oder wenigstens eine gut klingende Patentanmeldung zu verwandeln, was uns an mehr oder weniger guten Ideen präsentiert wird. Wir leben schließlich davon. Dies wiederum bewirkt, dass bei Unternehmen, in denen ein bisschen auf die Ausgaben geschaut wird, einige Hemmungen bestehen, wenn es darum geht, uns zu rufen oder unser Angebot zu Vorträgen, Workshops oder Beratungen anzunehmen.

Eine Erfinderin muss schon mit großem Selbstbewusstsein gesegnet sein, wenn sie einfach so eine*n Patentanwält*in anruft und fragt, ob er oder sie eine Einschätzung zur Patentfähigkeit vornehmen kann. Dies umso mehr, als es sich bei Patentanwälten in der Regel um Männer handelt. Auch wenn es nicht immer zutrifft: Das *Mann-Frau-Ding* steht möglicherweise genauso zwischen einer Erfinderin und einem Patentanwalt wie zwischen einer Patientin und ihrem männlichen Gynäkologen. Eigentlich wussten wir ja schon immer, dass Männer und Frauen unterschiedlich ticken, und vielleicht ist die Herangehensweise vieler Patentanwältinnen eine andere als die ihrer männlichen Kollegen? Im Ergebnis nützen diese Überlegungen wenig, denn von der ohnehin seltenen Spezies *Patentanwalt* ist nur ein geringer Anteil weiblich. Ein Unternehmen muss sich also schon sehr bemühen, um überhaupt eine Patentanwältin zu finden, selbst wenn es glaubt, dass dies helfen könnte, auf einen höheren Anteil an Erfinderinnen zu kommen.

Der Teufelskreis scheint perfekt zu sein: Die Frauen lassen ihre Erfindungen zu selten schützen. Deshalb fehlt die Sichtbarkeit und mit der mangelnden Sichtbarkeit fehlen Role Models für nachfolgende Generationen. Patentanwältinnen könnten helfen – wenn es denn mehr von ihnen gäbe – weil sie eher geeignet sein könnten als Patentanwälte, Erfindungen aus Frauen herauszukitzeln. Das bringt uns zurück zu der Frage, wieso es so wenige Patentanwältinnen gibt. Der langwierige, schwierige Ausbildungsgang, der mitten in der Familienphase einen Umzug nach München mit den hohen Wohnungspreisen nötig macht, ist selbsterklärend. Sparen wir uns die Worte und halten wir fest:

Wenn Frauen ihre Erfindungen nicht erkennen oder nicht zum Patent anmelden, entgeht Ihnen nicht nur Ruhm und Ehre, sondern auch Geld und Sichtbarkeit.

1 https://www.gesetze-im-internet.de/arbnerfg/
2 https://www.dpma.de/ponline/erfindergalerie/erfinder.html
3 https://scientifica.de/aktuelles/wanderausstellung-patente-frauen/exponate-der-wanderausstellung/
4 https://www.one.org/de/blog/10-weibliche-erfinder-die-ihr-definitiv-kennenlernen-solltet/
5 Die Depatisnet-Recherche nach „Marie Curie" ergibt Treffer ab 1975 – da war die Nobelpreisträgerin bereits verstorben.
6 https://www.epo.org/news-events/events/european-inventor/jury_de.html
7 https://rudolf-diesel-medaille.de/gremien/
8 https://www.bwstiftung.de/de/die-stiftung/wer-wir-sind/stiftung-artur-fischer-erfinderpreis
9 https://new.siemens.com/de/de/unternehmen/innovationen/inventors.html
10 https://www.helmholtz-berlin.de/pubbin/news_seite?nid=13855;sprache=de;seitenid=74699

DEUTSCHES REICH

AUSGEGEBEN AM
21. MÄRZ 1928

REICHSPATENTAMT
PATENTSCHRIFT
№ 457661
KLASSE **63k** GRUPPE 24
S 65279 II/63k
Tag der Bekanntmachung über die Erteilung des Patents: 1. März 1928.

Anna Seehase geb. Rönnberg in Warnemünde i. M.

Zerlegbares Motorrad.

Patentiert im Deutschen Reiche vom 2. März 1924 ab.

Abb. 1.

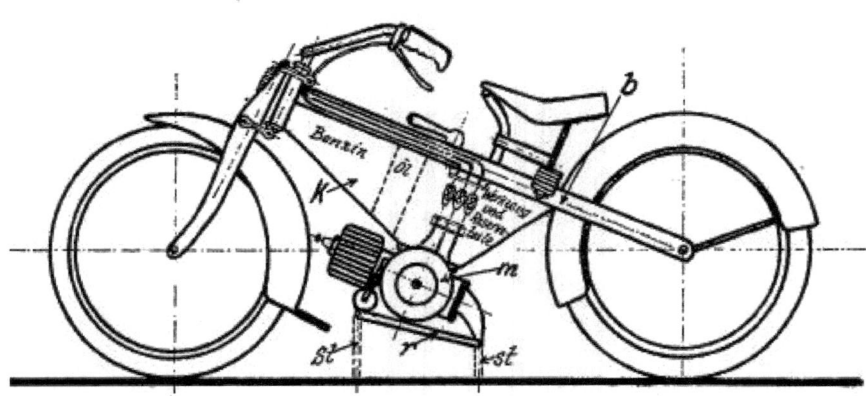

1. Zerlegbares Motorrad, bei dem der Motor mit Zubehör als Ganzes vom Rahmen leicht getrennt und daran wieder angebracht werden kann, dadurch gekennzeichnet, daß die die am Rahmen (Fahrgestell) befestigten Handhaben und die am Motor und seinem Zubehör angeordneten Regelungs- und Bewegungsvorrichtungen (z. B. für Brennstoff, Kupplung und Übersetzungswechsel usw.) verbindenden Gestänge Trennstellen besitzen, die durch bekannte selbsttätige oder Schnellverschlüsse geschlossen werden.

4 Das verpasste Wirtschaftswunder

Wieso ist es eigentlich so schlimm, wenn wir weniger Erfindungen von Frauen zum Patent anmelden? Man muss schon genauer hinschauen, denn dahinter steckt natürlich die Sinnfrage: Bringen Patente überhaupt etwas? Meine Antwort als Patentanwältin lässt sich leicht erraten. Ich lebe schließlich von Patenten. Mir muss man nicht glauben, denn es gibt auch objektive Zahlen.

Es gibt jede Menge Menschen, die glauben: *Patente sind teuer und bringen nichts.* Wenn das so wäre, müsste ich mir einen anderen Beruf suchen. Als Patentanwältin darf ich dieser Aussage heftig widersprechen. Allerdings muss ich in Kauf nehmen, dass mir unterstellt wird, nicht ganz objektiv zu sein: Ich lebe schließlich davon, dass ich Patente *verkaufe*. Wenn die Aussage richtig wäre, dann wäre es auch egal, ob Erfinderinnen ihre Erfindungen schützen lassen oder nicht, denn die Patente bringen ja sowieso nichts.

Es gibt natürlich eine Reihe von Argumenten für Patentschutz. Die ureigenste Eigenschaft von Patenten ist es, dass sie ein Monopol schaffen. Nur die Patentinhaberin ist befugt, den geschützten Gegenstand oder das geschützte Verfahren zu benutzen.

**Patentgesetz
§ 9**

(1) Das Patent hat die Wirkung, daß allein der Patentinhaber befugt ist, die patentierte Erfindung im Rahmen des geltenden Rechts zu benutzen. Jedem Dritten ist es verboten, ohne seine Zustimmung

1. ein Erzeugnis, das Gegenstand des Patents ist, herzustellen, anzubieten, in Verkehr zu bringen oder zu gebrauchen, oder zu den genannten Zwecken entweder einzuführen oder zu benutzen;

2. ein Verfahren, das Gegenstand des Patents ist, anzuwenden oder, wenn der Dritte weiß oder aufgrund der Umstände offensichtlich ist, daß die Anwendung des Verfahrens ohne Zustimmung des Patentinhabers verboten ist, zur Anwendung im Geltungsbereich dieses Gesetzes anzubieten;

3. das durch ein Verfahren, das Gegenstand des Patents ist, unmittelbar hergestellte Erzeugnis anzubieten, in Verkehr zu bringen oder zu gebrauchen oder zu den genannten Zwecken entweder einzuführen oder zu besitzen.

Damit geht ein erheblicher Wettbewerbsvorsprung einher, der sich am Markt in barer Münze auszahlen kann. Ein Patent wird veröffentlicht und schafft damit den sogenannten *Stand der Technik*, der andere daran hindert, die Erfindung für sich schützen zu lassen und so ein störendes Verbietungsrecht zu erlangen. Ein Patent oder eine Patentanmeldung ist die Grundlage für Lizenzverhandlungen. Große Unternehmen wie Siemens oder die Deutsche Telekom nehmen Erfindungsangebote gar nicht erst an, wenn nicht wenigstens eine Patentanmeldung vorliegt, die genau definiert, worum es geht.

Anders als einige meinen, sind Patente auch keine Innovationshemmnisse, sondern gerade das Gegenteil. Wer ein Patent umgehen möchte, muss eigene Entwicklungsanstrengungen unternehmen. Dabei werden Geld und (Wo)manpower aufgewendet, um eine andere und möglichst bessere Lösung für das Problem zu finden, das dem Patent zugrunde liegt. Nicht selten kommen dabei weitere Erfindungen zustande, die ihrerseits Grundlage von Patenten sein können.

Richtig ist: Patente und Patentanmeldungen kosten Geld und wenn eine Erfindung nicht verwertet wird, ist jeder Euro zu viel. Eine Patentanmeldung mag sich noch rechnen, denn sie schafft einen Prioritätstag und sichert die Optionen zumindest für die Prioritätsfrist von einem Jahr, so dass geprüft werden kann, ob die Erfindung funktioniert und ob sie sich wirtschaftlich verwerten lässt. Ist dies nicht der Fall, so kann man die Patentanmeldung oder das Patent jederzeit fallen lassen. Gutes Geld muss nicht für *schlechte* Ideen ausgegeben werden. Wer das tut, wird schnell zu der Erkenntnis kommen, dass dieses Patent (und nicht Patente im Allgemeinen) teuer ist und nichts bringt. Verdient das Patent hingegen sein Geld, dann sind die Kosten für Erlangung und Aufrechterhaltung nachrangig und auf jeden Fall gerechtfertigt.

Nun mag jeder Kritiker und jede Kritikerin unseres Patentsystems immer noch nicht zufrieden mit meinen vorstehend aufgeführten Argumenten sein, denn diese sind ja eher theoretischer Natur. Gerade im Bereich Software und Open-Source-Bewegung halten sich (teilweise falsche) Gerüchte und Kritikpunkte hartnäckig und es ist sehr bedauerlich, dass diese Kritik im Jahr 2000 dazu geführt hat, dass

Programme für Datenverarbeitung dauerhaft vom Patentschutz ausgenommen sind – egal wie innovativ sie sind. Ich halte es für fraglich, ob sich die Software-Industrie damit einen Gefallen getan hat, denn die großen Tech-Konzerne sind wenig auf Patente angewiesen, während kleine deutsche Mittelständler durchaus Patentrechte gebrauchen könnten, um auf dem Weltmarkt zu bestehen.

Es gibt ein paar Zahlen, welche die Nützlichkeit und den Sinn von Patenten belegen können. Was eine Patentverletzung ist, wird deutlich, wenn man sich die Kopien des Wettbewerbs *Plagiarius*[1] anschaut. Da werden nicht nur Patente, sondern auch Designs und Marken eins zu eins abgekupfert, so dass selbst die Rechteinhaber*innen und Orginalhersteller*innen teilweise Mühe haben, die Kopien von den Originalen zu unterscheiden. Ob Eierbecher, Wischmop oder Felgen: Alles, womit Geld zu verdienen ist, wird rücksichtslos kopiert. Nicht ganz zufällig schreibt der Verein Plagiarius e. V. unter der Überschrift *Elementar: Der Schutz geistigen Eigentums* auf seiner Webseite[2]: *Wer Produkt- und Markenpiraterie effektiv bekämpfen möchte, sollte seine Produkte und Leistungen absichern und die zur Verfügung stehenden Instrumentarien aktiv nutzen* und erläutert anschließend, welche Schutzrechte zur Verfügung stehen. Die auf der Seite veröffentlichten Zahlen sind beeindruckend. Danach haben die EU- Zollbehörden im Jahr 2013 36 Millionen rechtsverletzende Produkte im Wert von 760 Millionen Euro an den EU-Außengrenzen beschlagnahmt.

In Deutschland wird der wirtschaftliche Schaden durch Produktpiraterie auf jährlich 50[3] bis 300[4] Milliarden Euro geschätzt. Egal wie hoch der Schaden ist: Er ist zu hoch. Aber es gibt auch noch andere Risiken: Wenn Medikamente schlecht kopiert werden, birgt dies ein hohes Gesundheitsrisiko und bei Anlagen- und Maschinenbau besteht eine reale Gefahr für Arbeitsplätze oder ganze Betriebe. Da ist es gut, wenn Technologien geschützt sind und der Zoll bereits an der Grenze patentverletzende Produkte beschlagnahmen kann[5]. Nicht nur die Konsumgüterindustrie, sondern auch der Maschinen- und Anlagenbau ist in hohem Maß von Produktpiraterie betroffen. Es gibt umfangreiche Kampagnen[6,7] und Portale[8], welche die deutsche und europäische Wirtschaft bei der Bekämpfung von Produktpiraterie unterstützen sollen.

Der Zoll gibt den Wert allein der beschlagnahmten Plagiate im Jahr 2020 mit fast 239 Millionen Euro an[9].

Und was hat das alles mit Erfinderinnen zu tun?

Der Schaden ist extrem groß und es gibt sehr umfangreiche unternehmerische und staatliche Maßnahmen, die Produktpiraterie verhindern sollen. Statt aber zu schützen, was schutzfähig ist, werden die Erfindungen nicht oder nur sehr wenig geschützt, wenn sie von einer Frau gemacht wurden. Damit kann auch die Wirtschaft nicht zufrieden sein. Allerdings: Maßnahmen wurden bisher keine getroffen.

Es gibt eine ganze Reihe von Gründen, warum der Anteil der Erfinderinnen bei nur etwa sechs Prozent liegt und damit deutlich geringer ist als der Frauenanteil in den einschlägigen MINT-Berufen. Bereits in den vorherigen Kapiteln wird deutlich, dass es nicht den einen alles überragenden Grund gibt, sondern wir es wie fast immer im Leben mit einem komplizierten Geflecht aus individuellen Befindlichkeiten und äußeren Umständen zu tun haben. Zu diesen Gründen gehören die Nichtnennung als Erfinderin sowie strukturelle und individuelle Gründe. Die nächsten Kapitel werden sich mit einigen dieser Gründe beschäftigen.

---

1 https://www.plagiarius.com/
2 https://www.plagiarius.com/index.php?ID=33
3 https://www.hk24.de/produktmarken/beratung-service/innovation/ipc-innovations-patentcentrum/schutzrechte/produktpiraterie/studie-weltweite-produktpiraterie-1166506
4 https://ihk-koeln.de/hauptnavigation/international/laender-und-maerkte/produktpiraterie-aufmessen-5178398
5 https://www.zoll.de/DE/Fachthemen/Verbote-Beschraenkungen/Gewerblicher-Rechtsschutz/Marken-und-Produktpiraterie/marken-und-produktpiraterie_node.html
6 https://www.dpma.de/service/presse/pressemitteilungen/gesetzueberweitereaufgabendesdpma/index.html
7 https://ec.europa.eu/commission/presscorner/detail/de/ip_20_2187
8 https://ec.europa.eu/commission/presscorner/detail/en/IP_17_4942
9 https://www.zoll.de/SharedDocs/Downloads/DE/Links-fuer-Inhaltseiten/Der-Zoll/zdf_zoll_daten_fakten_ueberblick_2020.pdf?__blob=publicationFile&v=2

DEUTSCHES REICH

AUSGEGEBEN AM
12. SEPTEMBER 1928

REICHSPATENTAMT

PATENTSCHRIFT
№ 465 264
KLASSE **17c** GRUPPE 3 / 04
E 35798 I/17c
Tag der Bekanntmachung über die Erteilung des Patents: 30. August 1928

Anna Eichhoff geb. Demmer in Berlin-Wilmersdorf

Kühlapparat mit einem in einem Behälter enthaltenen Kühlgefäße mit Verdunstungsfläche

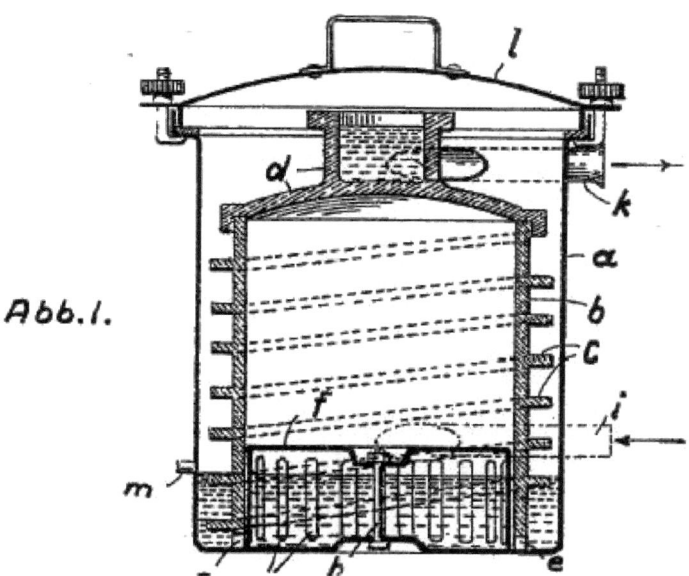

Abb. 1.

Kühlapparat mit einem in einem Behälter enthaltenen Kühlgefäße mit Verdunstungsfläche, dadurch gekennzeichnet, daß der äußere Behälter mit Rohrstutzen zum Anschluß an einen Staubsauger versehen ist.

DAS VERPASSTE WIRTSCHAFTSWUNDER | 43

5 Die geklaute Erfindung

Es werden weniger Frauen als Erfinder*innen in deutschen Patenten genannt. Was glaubt ihr, warum das so ist? Die bösen Männer klauen die Erfindung und melden sie selbst an? Glücklicherweise ist die Angelegenheit nicht ganz so einfach. Männer sind in der Regel nicht böse. Es gibt eine Menge verschiedener Gründe, aber wenn Ideenklau auftritt, was kann frau dann tun? Ich habe da mal ein paar Tipps:

Die Nichtnennung als Erfinderin ist bei vielen Menschen, mit denen ich über das Phänomen des geringen Frauenanteils spreche, das Erste, was ihnen einfällt. Eine Erfindung wird gemacht und *alle* werden als Erfinder genannt, nur nicht die beteiligte Frau. Solche Fälle mag es geben und man könnte sich zu Recht darüber empören. Ich persönlich habe derlei Unfairness in meiner über 20-jährigen Berufspraxis noch nicht erlebt. Wenn mir die meist männlichen Erfinder die Nachteile bekannter Lösungen, ihre Ideen, die dahintersteckende Technik und deren Vorteile erläutern, kann ich ruhigen Gewissens davon ausgehen, dass diese Männer niemanden um die Früchte ihrer Arbeit betrügen. Nur weil ich selber keinen Ideenklau erlebt habe und von meinen Kollegen nichts dergleichen gehört habe, heißt das natürlich nicht, dass es ihn nicht gibt.

Wenn ich hier von Männern schreibe: Bestimmt ist es möglich, dass auch Frauen zu den Bösewichten gehören, die *Mein* und *Dein* beim geistigen Eigentum nicht unterscheiden können. Das würde allerdings den geringen Anteil an Erfinderinnen nicht erklären.

Und jetzt? Was ist zu tun, wenn ein Bösewicht eine Erfindung meldet oder anmeldet, die ihm oder ihr nicht gehört? Ich habe drei Ratschläge für jede Erfinderin, die nicht als Erfinderin genannt wird:

- Recherchieren
- Konfrontieren
- Vorbeugen

5.1 Recherchieren

Zunächst einmal muss die Lage geprüft werden. Wurden Patente angemeldet und wenn ja, wofür wurden diese Patente angemeldet? Nicht alles, was so klingt wie die eigene Erfindung, ist tatsächlich auch von der Patentanmeldung umfasst. Manches, was im Labor praktiziert und diskutiert wird, taucht in der Beschreibung einer Patentanmeldung oder wissenschaftlichen Veröffentlichung auf, wird aber nicht beansprucht. Das ist besonders dann der Fall, wenn diese Themen bereits vorbekannt sind und nicht-schutzfähigen Stand der Technik bilden. Es kann aber auch sein, dass Teammitglieder eine Patentanmeldung oder wissenschaftliche Veröffentlichung für ihre eigene Erfindung einreichen und in der Beschreibung die Ideen anderer offenbaren. Quasi versehentlich.

Das ist genauso ärgerlich wie der echte Ideenklau, denn mit der Veröffentlichung der Patentanmeldung nach 18 Monaten oder in einem wissenschaftlichen Journal kann diese Idee nicht mehr zum Patent angemeldet und geschützt werden, weil sie dann ja öffentlich ist und zum Stand der Technik gehört. Ja, richtig gelesen, auch die Erfinder*innen selbst oder deren Teammitglieder dürfen ihre Erfindungen vor dem Anmelde- bzw. Prioritätstag nicht veröffentlichen. Diesen alles andere in den Hintergrund drängenden Satz muss jeder gute Patentanwalt und jede gute Patentanwältin an irgendeiner Stelle jedes Vortrags unterbringen: Regel Nummer eins: Erst anmelden, dann quatschen!

Im Grunde ist eine Erfinderin also selbst dafür verantwortlich, dass ihre Erfindungen zum Patent angemeldet werden, denn auch bei anderen Teammitgliedern muss nicht unbedingt große Erfahrung mit Erfindungen vorliegen. Sie kann die anderen demzufolge nicht unbedingt dafür verantwortlich machen, dass sie eine Erfindung nicht erkennen und versehentlich veröffentlichen.

Die Frage, wer in einem Unternehmen, einer Arbeitsgruppe oder Abteilung was zum Patent angemeldet hat, lässt sich – mit einer Verzögerung von 18 Monaten – leicht beantworten. Alle Patentanmeldungen, außer Anmeldungen, die ein Staatsgeheimnis zum Gegenstand haben, werden 18 Monate nach dem ersten Anmeldetag als Offenlegungsschrift veröffentlicht. Die Veröffentlichungen sind in den Datenbanken der Patentämter leicht zu finden.

Für mein Buch *Erfindungen, Patente, Lizenzen*[1] habe ich ein ausführliches Kapitel zum Thema Recherche geschrieben, aber für unsere Zwecke hier reicht auch eine Basisrecherche[2] bei DEPATISnet, der Datenbank des Deutschen Patent- und Markenamts. In der Maske kann man im Feld *Anmelder/Inhaber/Erfinder* einfach die Namen der Kolleg*innen oder die Unternehmensbezeichnung eingeben und erhält eine Trefferliste mit allen Patentveröffentlichungen, die irgendwo auf der Welt erschienen sind.

In der Regel klappt das ganz gut, aber es gibt natürlich Fälle, die zum Scheitern verurteilt sind: Wenn man nach häufigen Namen, etwa *Thomas Müller* oder *Birgit Fischer* sucht, dann tauchen auf der Trefferliste auch solche Patente auf, die gar nichts mit dem Labornachbarn oder der Labornachbarin zu tun haben. Auch diejenigen, die bei Bosch, Siemens oder in der Automobilindustrie tätig sind, werden sehr hohe Trefferzahlen erhalten. Da ist es schwierig herauszufinden, was in der eigenen Umgebung an Patenten angemeldet wurde. In solchen Fällen lohnt es sich, ein Stichwort hinzuzufügen. Wer einen *Joachim Schulze* im Bereich Atomabsorptionsspektroskopie mit der Stichworteingabe im Volltext sucht, wird vermutlich schnell fündig.

Die Recherche nach Patenten des eigenen Unternehmens oder der eigenen Hochschule hat einen erfreulichen Nebeneffekt. Wer recherchiert, lernt Dinge dazu. Ich jedenfalls fand es immer spannend, in den alten Patentanmeldungen meiner Kolleg*innen zu lesen und deren verschiedene Versuche zur Lösung von immerwährenden alten Problemen nachzuvollziehen. In der Atomabsorptionsspektroskopie ist das unter anderem die Suche nach höherer Auflösung bei kleinen Geräten. In anderen Bereichen mögen das Kosten, Qualität, Messdauern oder Leistungsfähigkeit sein.

Die meisten Erfinderinnen werden bei der Recherche zwei Dinge erfahren: zum einen, dass die eigenen Ideen doch nicht gestohlen wurden. Zum anderen, dass manche Dinge geschützt werden, die ihnen selbst möglicherweise trivial erscheinen. Das ist eine sehr wichtige Erkenntnis. Der technologische Fortschritt kommt nur in kleinen Schritten voran. Trotzdem kann es sich lohnen, diese kleinen Fortschritte schützen zu lassen, denn das Schutzrecht hindert den Wettbewerber am unmittelbaren Nachbau.

Manch eine denkt sich, dass es keine oder zu kleine Verbesserungen für eine Erfindung sind, weil sie schon so lange an der Lösung geforscht hat und sie ausgewiesene Expertin auf ihrem Gebiet ist. Da werden Dinge selbstverständlich, die für andere komplex und schwierig sind. Maßgeblich für die Beurteilung der erfinderischen Tätigkeit ist nicht die Expertin, sondern *der Fachmann*[3]. Also der Durchschnittsfachmann.

> **Patentgesetz**
> **§ 4**
> (1) Eine Erfindung gilt als auf einer erfinderischen Tätigkeit beruhend, wenn sie sich für den Fachmann nicht in naheliegender Weise aus dem Stand der Technik ergibt. Gehören zum Stand der Technik auch Unterlagen im Sinne des § 3 Abs. 2, so werden diese bei der Beurteilung der erfinderischen Tätigkeit nicht in Betracht gezogen.

Das Studium der Patentliteratur hilft dabei, etwas Erfahrung zu gewinnen bei der Einschätzung, welche Ideen schutzfähig sein könnten und welche nicht.

Was ist aber zu tun, wenn tatsächlich Ideenklau vorliegt und das Unternehmen oder die Hochschule eine Patentanmeldung für eine Erfindung eingereicht hat, welche die Erfinderin nicht als solche nennt?

5.2 Konfrontieren

Es hilft nichts: Der oder die als Erfinder*in Genannte muss konfrontiert werden. Es gibt verschiedene Gründe, warum eine Erfinderin dies tun sollte. Wichtigster Grund: Es ist Unrecht. Der Diebstahl geistigen Eigentums ist mindestens so großes Unrecht wie der Diebstahl physischer Dinge. Es handelt sich nicht um ein

Kavaliersdelikt und auch nicht um etwas, das man einfach so unter den Tisch kehren kann. Diebstahl ist Diebstahl. Es macht keinen Unterschied, ob jemand eine Erfindung stiehlt oder einer Erfinderin ins Portemonnaie greift.

Es gibt aber auch noch einen anderen wichtigen Grund: Wiederholungen vermeiden. Eine Konfrontation mit Unrecht ist auch für denjenigen, der das Unrecht begangen hat, sehr unangenehm. Selbstverständlich muss die Erfinderin gut vorbereitet sein. Sie muss genau belegen können, wann sie die Erfindung gemacht hat und wieso sie sicher ist, dass es ihre Erfindung ist. Das ist nicht einfach. Der Beweis kann aber gelingen, besonders wenn es schriftliche Belege gibt, etwa Versuchsprotokolle, E-Mail-Verkehr, Bachelor- oder Masterarbeiten und sonstige Belege. Auch die Bestätigung durch Zeugen, beispielsweise andere Team-Mitglieder, kann helfen. Was wenig nützt: unbelegte Vorwürfe und Behauptungen. Die schaden dem Betriebsklima und werden am Ende nichts bewirken.

Für manche Erfinderin ist es einfacher, wenn die Konfrontation schriftlich oder in Gegenwart eines Zeugen oder einer anderen vertrauten Person erfolgt. Dadurch kann erreicht werden, dass das Gespräch oder der schriftliche Austausch sachlich bleibt. Wer des Diebstahls geistigen Eigentums beschuldigt wird, befindet sich in der Defensive und nicht jeder ist dann noch in der Lage, gute Umgangsformen zu zeigen.

Es wird verschiedene Reaktionen geben.

Das wusste ich nicht. Nichtwissen scheint immer eine elegante Möglichkeit, sich aus der Affaire zu ziehen. Einige werden schlicht zugeben, dass die Erfindernennung nicht korrekt ist, und Bedauern ausdrücken. Das ist der wünschenswerte Fall, der möglicherweise wirklich auf einer falschen Annahme des Patentanwalts / der Patentanwältin oder der für Patentanmeldungen zuständigen Stelle des Betriebs oder der Hochschule beruht. Fehler anderer und Nichtwissen lassen sich leicht zugeben und korrigieren. Es wird aber auch andere Reaktionen geben und für einige dieser Reaktionen kenne ich passende Antworten.

Die Erfindernennung lässt sich jetzt nicht mehr ändern. Das ist schlicht falsch. Zumindest in Deutschland kann die Erfindernennung auf Antrag geändert werden. Das ist vergleichsweise einfach, erfordert aber die Zustimmung der bisher als Erfinder*in genannten Person. Die Erfinderin sollte sich vorher überlegen, ob sie nur als Miterfinderin zusätzlich genannt werden möchte oder ob sie alleinige Erfinderin ist. In diesem Fall wären die bereits genannten Erfinder*innen zu streichen. Sollten die zu Unrecht genannten Erfinder*innen ihre Zustimmung verweigern, kann der Anmelder oder die Anmelderin – häufig das Unternehmen oder die Hochschule – darauf aufmerksam gemacht werden, dass eine falsche Erfindernennung in den USA zur Nichtigkeit des Patents führen kann. Das Argument greift natürlich nur, wenn die Erfindung auch in den USA geschützt werden soll. Man kann vom Betrieb oder der Hochschule erwarten, dass sie eine vermittelnde Rolle einnehmen, denn auf rechtliche Schritte zur Klärung der Erfinderschaft und lange Gerichtsverfahren hat in der Regel keine*r Lust. Die kosten viel Geld, sind zeitaufwändig und nerven.

Beansprucht ist eine andere Erfindung, die mit deiner nichts zu tun hat, könnte eine weitere Reaktion lauten . Das kann vorkommen und lässt sich leicht nachprüfen. Bei einer solchen Reaktion ist unbedingt patentanwaltlicher Rat hinzuzuziehen. Wie oben bereits erläutert, ist nicht alles, was in einer Patentanmeldung beschrieben und somit offenbart ist, auch das, was als Erfindung beansprucht wird. Ansprüche werden in einer Weise formuliert, die von Laien häufig als *Patentchinesisch* bezeichnet wird. Ansprüche bestehen aus einer schwer verständlichen Sammlung von Merkmalen in Form von allgemeinen Begriffen, die es selbst der Erfinderin schwer machen, ihre eigene Erfindung in den Ansprüchen wiederzuerkennen. Das muss so sein, denn das Patent soll ja einen möglichst großen Schutzbereich haben und auch Umgehungslösungen schützen. Die Prüfung, ob beispielsweise eine in einer Bachelor-Arbeit formulierte Idee auch das ist, was in einer Patentanmeldung beansprucht wird, ist folglich nicht leicht und sollte bei solch schwerwiegenden Fragen wie der Erfinderschaft den Profis überlassen werden. Wenn es sich um die einzige *Verteidigungslinie* des als Erfinder Genannten handelt, dann lässt er sich mit Hilfe eines patentanwaltlichen Gutachtens vermutlich leicht zur Korrektur der Erfinderschaft bewegen.

Das ist hier üblich, Das machen wir immer so, Hier steht immer der Boss auf dem Patent ... Diese Argumente mögen in allen möglichen Situationen in Ordnung sein und einen geregelten Betriebsablauf sicherstellen. Erfinder*innen sind immer natürliche Personen. Man kann also nicht etwa den Betrieb als Erfinder angeben. Bei der Frage nach der Erfinderschaft sind diese Gepflogenheiten aber auch bei Angabe einer natürlichen Person möglicherweise nicht korrekt. Gesetzlich ist sowohl im deutschen als auch im europäischen Patentrecht vorgesehen, dass der Erfinder oder sein Rechtsnachfolger das Recht auf das Patent hat[5].

Patentgesetz
§ 6

Das Recht auf das Patent hat der Erfinder oder sein Rechtsnachfolger. Haben mehrere gemeinsam eine Erfindung gemacht, so steht ihnen das Recht auf das Patent gemeinschaftlich zu. Haben mehrere die Erfindung voneinander unabhängig gemacht, so steht dem das Recht zu, der die Erfindung zuerst beim Deutschen Patent- und Markenamt angemeldet hat.

Rechtsnachfolger*in ist beispielsweise der Arbeitgeber / die Arbeitgeberin, der / die das Patent nach Arbeitnehmererfinderrecht in Anspruch nimmt. Es ist ferner gesetzlich vorgeschrieben[6], dass der Anmelder den Erfinder[7] benennt und versichert, dass weitere Personen seines Wissens an der Erfindung nicht beteiligt sind. Eine betriebliche Übung, immer nur den Boss (oder wen auch immer) als Erfinder*in zu nennen, widerspricht also dem Gesetz und ist nicht rechtens. Wer sich mit dem Argument wehrt, dass *das immer so ist*, sollte auf das Gesetz verwiesen werden. Je nach Verhalten desjenigen, der/die als Erfinder*in genannt ist, macht es Sinn, eine übergeordnete Stelle hinzuziehen.

Stell Dich nicht so an ist eine Reaktion, die der Wichtigkeit der Erfinderbenennung keinen Raum einräumt. Wer ausdrücklich genannt werden will, wird als kleinlich hingestellt und auf menschlicher Ebene verunglimpft. Wenn eine solche Reaktion zu befürchten ist, hilft nur die harte Linie: übergeordnete Stellen einschalten, Rückendeckung durch Patentabteilung, Frauenbeauftragte, Kolleg*innen suchen und sachlich bleiben. Wenn es der direkte Vorgesetzte ist, der in dieser unangemessenen Weise über die berechtigten Ansprüche und Befindlichkeiten und die mit der Erfinderbenennung einhergehende Erfinderehre hinweggeht, muss frau sich ernsthaft fragen, ob der Job der richtige ist. Ansonsten gelten die gleichen Argumente wie bei der Reaktion *Das ist hier üblich*.

Egal wie die Konfrontation ausgeht und egal ob die Erfinderbenennung am Ende geändert wird oder nicht: Für den falsch genannten Erfinder wird es in jedem Fall schwieriger werden, zukünftig Patente anzumelden, ohne die korrekten Erfinder*innen zu nennen. Auch für besonders selbstbewusste Exemplare männlicher Egomanen sind Konfrontationen dieser Art unangenehm und es lohnt sich immer, solche Fälle anzusprechen, um Wiederholungen zu vermeiden.

5.3 Vorbeugen

Ideenklau, Konfrontation, rechtliche Schritte ... Solche Themen fressen positive Energie, die an anderer Stelle besser investiert werden können. Eine Erfinderin kann dem Ideenklau auch einfach vorbeugen. Wie das geht? Zunächst einmal muss nicht jede gute Idee laut ausposaunt werden. Selbstverständlich helfen bei neuen Ideen Sparringspartner, mit denen man Vor- und Nachteile abwägt, die Machbarkeit und Wirtschaftlichkeit untersucht und technische Voraussetzungen eruiert. Viele Ideen müssen verworfen werden, bevor sie überhaupt spruchreif sind, und manch eine Idee erfordert viele Versuche, Grübeleien, Diskussionen, schlaflose Nächte und Anläufe, um vom reinen Gehirngespinst in einer konkreten Erfindung zu münden.

Irgendwann ist es so weit: Im Kopf ist die Erfindung gereift, möglicherweise sind schon erste Versuche durchgeführt worden und es sieht ganz so aus, als ob es klappen könnte.

Eine Erfinderin, die ihre Erfindung dann im Team vorstellt, läuft Gefahr, dass die Idee von anderen adaptiert wird und das eine oder andere Teammitglied sich selbst für den/die Urheber*in hält. Deutlich sinnvoller ist es bei angestellten Erfinderinnen – zumindest aus patentrechtlicher Sicht –, die Erfindung in Form einer *Erfindungsmeldung* mit Datum zu Papier zu bringen und in gesetzlich vorgeschriebener Weise dem Arbeitgeber zukommen zu lassen. Es versteht sich, dass auch mehrere

Personen an einer Erfindung beteiligt sein können, die die Erfindungsmeldung gemeinsam formulieren. Manchmal kann man nach einem Brainstorming gar nicht mehr auseinanderhalten, wer jetzt welchen Teilaspekt zur Erfindung beigetragen hat. In diesem Fall sind alle, die an der Erfindung beteiligt sind, auch Erfinder*innen.

Die Ersten, die von der Erfindung erfahren sollten, sind möglichst nicht die Abteilungsleiter*innen, Kolleg*innen und Teammitglieder des weiteren Umfelds, sondern die mit Erfindungen befassten Patentassessor*innen in der Patentabteilung, die Mitarbeiter*innen der Patent- und Transferstelle oder der Rechtsabteilung.

Das Gesetz über Arbeitnehmererfindungen[8] schreibt vor, dass ein Arbeitnehmer, der eine Diensterfindung gemacht hat, verpflichtet ist, sie unverzüglich dem Arbeitgeber oder der Arbeitgeberin in Textform zu melden und hierbei kenntlich zu machen, dass es sich um die Meldung einer Erfindung handelt. Es gibt also eine gesetzliche Verpflichtung, Erfindungen zu melden.

> **Gesetz über Arbeitnehmererfindungen**
> **§ 5**
>
> (1) Der Arbeitnehmer, der eine Diensterfindung gemacht hat, ist verpflichtet, sie unverzüglich dem Arbeitgeber gesondert in Textform zu melden und hierbei kenntlich zu machen, daß es sich um die Meldung einer Erfindung handelt. Sind mehrere Arbeitnehmer an dem Zustandekommen der Erfindung beteiligt, so können sie die Meldung gemeinsam abgeben. Der Arbeitgeber hat den Zeitpunkt des Eingangs der Meldung dem Arbeitnehmer unverzüglich in Textform zu bestätigen.
> (2) In der Meldung hat der Arbeitnehmer die technische Aufgabe, ihre Lösung und das Zustandekommen der Diensterfindung zu beschreiben. Vorhandene Aufzeichnungen sollen beigefügt werden, soweit sie zum Verständnis der Erfindung erforderlich sind. Die Meldung soll dem Arbeitnehmer dienstlich erteilte Weisungen oder Richtlinien, die benutzten Erfahrungen oder Arbeiten des Betriebs, die Mitarbeiter, sowie Art und Umfang ihrer Mitarbeit angeben und soll hervorheben, was der meldende Arbeitnehmer als seinen eigenen Anteil ansieht.
> (3) Eine Meldung, die den Anforderungen des Absatzes 2 nicht entspricht, gilt als ordnungsgemäß, wenn der Arbeitnehmer nicht innerhalb von zwei Monaten erklärt, daß und in welcher Hinsicht die Meldung einer Ergänzung bedarf. Er hat den Arbeitnehmer soweit erforderlich, bei der Ergänzung der Meldung zu unterstützen.

Man muss niemanden um Erlaubnis bitten und hat hier eine schöne Möglichkeit der Rechtfertigung gegenüber verschnupften Kolleg*innen, die mit der Erfindungsmeldung nicht einverstanden sind, etwa weil sie selbst gerne als Erfinder*in beteiligt wären. Wenn eine Erfinderin die fertige Erfindung als Erstes in Form einer Erfindungsmeldung meldet, dann können andere diese Erfindung nicht mehr stehlen oder Ärger und Unmut verbreiten.

Trotzdem wird es gelegentlich vorkommen, dass verlangt wird: *Der Chef muss drauf.* Das Thema falsche Erfindernennung habe ich vorstehend bereits erörtert und wer sich mit diesem Anliegen konfrontiert sieht, kann auf die gesetzliche Verpflichtung verweisen: Wenn der Chef etwas erfunden hat, warum hat er dann nicht eine eigene Erfindungsmeldung eingereicht, zu der er ja gesetzlich verpflichtet ist?

Die Nennung von Erfinder*innen auf Patentanmeldungen ist etwas anderes als die Autorenschaft auf wissenschaftlichen Veröffentlichungen. Selbstverständlich sind die Leiter*innen von Forschungsgruppen auf wissenschaftlichen Veröffentlichungen zu nennen. Sie leisten alle möglichen Beiträge zum Zustandekommen der wissenschaftlichen Arbeit. Fragestellungen, Finanzierungen, Anleitung von Forscher*innen ...: Eine Co-Autorenschaft ist bei solchen Veröffentlichungen auf jeden Fall gerechtfertigt. Bei Patentanmeldungen ist das anders. Hier geht es um die Frage: Wer genau hat genau diese eine Idee (und keine andere) gehabt? Woher kommt die Aufgabenstellung und wie ist die Lösung zustandegekommen? Nur diejenigen, die sich die beanspruchte Idee (und nicht die Fehlversuche!) ausgedacht haben, sind Erfinder*innen und als solche zu nennen.

Eine Erfinderin tut also – auch wenn es schwerfällt – gut daran, ihre Erfindung nicht unnötig auszuplaudern, sondern zuerst in Form einer Erfindungsmeldung in offizielle Kanäle zu geben, um auf diese Weise sicherzustellen, dass ihr die Erfinderschaft auch zugesprochen wird und erhalten bleibt.

---

1   Renate Weisse: „Erfindungen, Patente, Lizenzen", 4. Aufl. Springer VDI 2014
2   https://depatisnet.dpma.de/DepatisNet/depatisnet?action=basis
3   Ich kämpfe bereits seit Langem dafür, dass nicht Männer das Maß aller Dinge sind und eine „fachkundige Person" statt des „Fachmanns" im Gesetz steht. Bisher leider vergeblich.
4   Ich habe hier nur den Fall behandelt, dass ein männlicher Erfinder einer Erfinderin die Idee klaut. Selbstverständlich kann es auch andere Fälle geben, bei denen die Frau der Bösewicht ist. Da es aber in dem Buch um die Frage geht, wieso so wenig Frauen als Erfinderin genannt sind, halte ich die Rollenverteilung in meinen Beispielen hier für gerechtfertigt.
5   § 6 Patentgesetz
6   § 37 Patentgesetz
7   Sorry, das ist Gesetzeswortlaut. Erfinderinnen sind im Gesetz nach Sparkassen-Urteil des BGH „mitgemeint".
8   https://www.gesetze-im-internet.de/arbnerfg/__5.html

DEUTSCHES REICH
AUSGEGEBEN AM
26. JUNI 1930

REICHSPATENTAMT
PATENTSCHRIFT
№ 500517
KLASSE **8d** GRUPPE 5
M 106217 VII/8d
Tag der Bekanntmachung über die Erteilung des Patents: 5. Juni 1930

Friedrich Matthias, Wilhelm Matthias, Anna Matthias in Wehrstedt b. Halberstadt
und Franz Matthias in Cüden, Kr. Gardelegen

Waschmaschine mit Reibbrett und Reibrollen

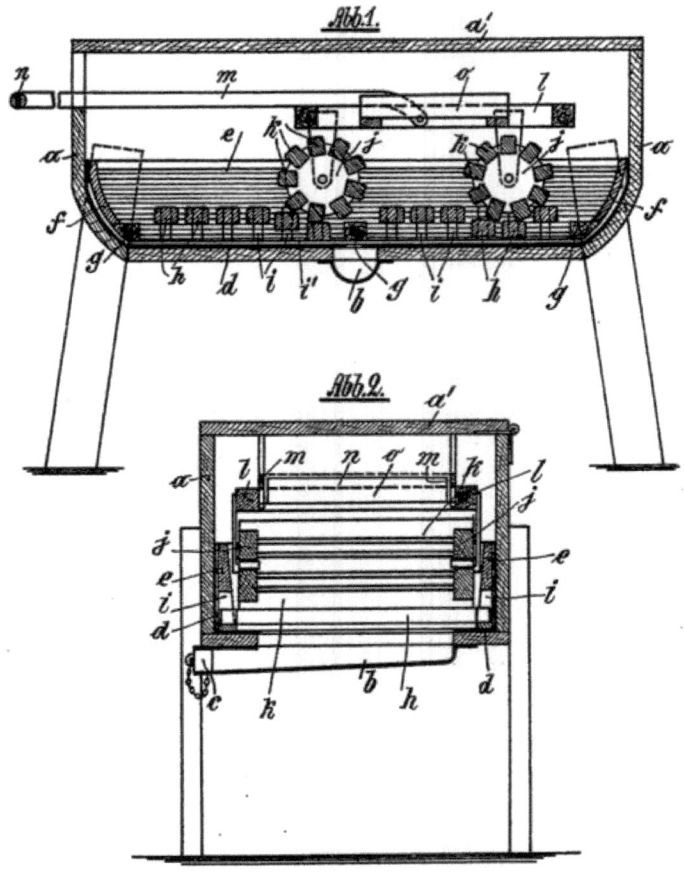

6 Sind die Männer schuld?

Kann man überhaupt jemandem eine Schuld geben, wenn die Erfindungen nicht erkannt und nicht gemeldet werden? Vermutlich nicht. Was aber können Unternehmen und Institutionen tun, damit Frauen sich mit dem Thema beschäftigen? Der Teufelskreis, in dem sich Forschung und Entwicklung nur um Männerthemen drehen, muss unterbrochen werden. Von den positiven Folgen profitieren am Ende alle.

Wir haben bereits gesehen, dass die meisten Erfindungen in Deutschland in Technologiebereichen gemacht werden, die nicht als Frauendomäne bekannt sind. Dazu gehören die Bereiche Transport, Elektrotechnik, Maschinenbau und Messtechnik. Man kann also mit Fug und Recht behaupten, dass es sich um einen reinen Männerbereich handelt. Wer hier als Frau überhaupt tätig ist, tut gut daran, sich an das Umfeld anzupassen.

Mit wenigen Frauen in diesen Bereichen schrumpft auch die Wahrscheinlichkeit, dass Frauen etwas erfinden. Erfindungen setzen Themen. Die geringe Erfinderinnenquote führt folglich dazu, dass vor allem *Männerthemen* bearbeitet werden. Themen, für die Frauen sich leichter erwärmen lassen, bleiben außen vor. Ich will dies an einem zugegeben stereotypen Beispiel illustrieren: In der Automobilindustrie und allem, was mit Autos zu tun hat, arbeiten vor allem Männer. Diese interessieren sich besonders für Fragen wie Höchstgeschwindigkeit, Motorensound und technische Spielereien am Armaturenboard. Man muss keine Vorurteile haben, um zu erkennen, dass die Autos dann in diesen Bereichen besonders gut entwickelt werden. Hier wird Geld investiert und Kund*innen werden mit Werbung scharf auf derlei Verbesserungen gemacht. Mir persönlich sind solche *Männer*-Features egal. Ich hätte lieber einen Kindersitz für meine Kinder gehabt, in den man den Nachwuchs leicht hineinverfrachten und festgurten kann. Aber das ist eben ein Frauenthema.

In ihrem sehr empfehlenswerten Buch *Unsichtbare Frauen* beschreibt Caroline Criado-Perez[1], welche Folgen es hat, wenn Männer nur für Männer entwickeln und die Besonderheiten von Frauen etwa in der Medikamentenforschung, bei der medizinischen Forschung zur Erkennung eines Herzinfarkts oder bei der Entwicklung von Dummys für Unfalltests nicht berücksichtigen. Auch die ARD macht in der ersten Folge ihrer Serie *HERstory*[2] auf die Probleme aufmerksam, die sich ergeben, wenn Frauen bei Forschung und Entwicklung nicht berücksichtigt werden.

Der Mangel an Erfinderinnen hat also fatale Folgen: Wir leben in einer Welt, die von Männern für Männer entwickelt wurde. Die Forschungs- und Entwicklungsabteilungen der großen Patentanmelderinnen – fast alle sind Gesellschaften und *die* Gesellschaft ist ein Femininum – bei Bosch, Siemens und den Automobilkonzernen sind entsprechend unattraktiv für zukünftige Bewerberinnen. Aus meiner persönlichen Erfahrung als einzige Frau in einer Entwicklungsabteilung mit 70 Männern kann ich jeder Frau nur zurufen: Lasst euch nicht auf derartige berufliche Experimente ein.

Besonders problematisch an diesem Effekt ist, dass es sich um einen Teufelskreis handelt. Wie sollen die Entwicklungsabteilungen weiblicher werden und mehr weibliche Themen bearbeiten, wenn sie so unattraktiv für Frauen sind? Aus meiner eigenen Erfahrung kann ich nur empfehlen, die Frauen in einem Pool zu bündeln und nicht allein unter Männern arbeiten zu lassen. Unternehmen und Forschungseinrichtungen, die sich mehr Frauen in ihren naturwissenschaftlichen oder technischen Teams wünschen, sollten Anstrengungen unternehmen, wenn überhaupt, dann gleich mehrere Frauen in einem Team zu beschäftigen. Natürlich ist eine Tätigkeit für Frauen attraktiver, wenn auch die Themen für sie spannender sind. Vielleicht lässt sich hier ein Freiraum schaffen, der es Frauen ermöglicht, an den Themen zu forschen und zu entwickeln, die sie selbst setzen?

Wenn mehr Frauen in einem Unternehmen oder in einer Forschungsabteilung an technischen und naturwissenschaftlichen Themen arbeiten und möglichst auch erfinden sollen, dann reicht die Bündelung von Frauen nicht unbedingt aus. Es ist nur ein kleiner Schritt auf dem Weg zu einer inklusiven Gesellschaft mit mehr

Erfinderinnen. Ein weiterer Schritt betrifft die Ansprache der potenziellen Erfinderinnen. Dazu sind Patentanwältinnen natürlich besonders gut geeignet. Patentanwältinnen sind nicht nur selbst Frauen, sondern können auch die patentrechtliche Seite der Erfindungen kompetent beurteilen. Eine rare Spezies: Nur ca. 400 der ca. 4 000 Patentanwält*innen sind weiblich.

Bei typischen, von Männern durchgeführten Veranstaltungen mit Titeln wie *Patent- und Erfinderberatung*[3], *Was Sie über Schutzrechte wissen sollten und wie wir Ihnen helfen können*[4] oder *Patentführerschein: Selbstlernangebot*[5] fühlen sich die meisten Frauen gar nicht angesprochen. Da sie sich nicht für eine Erfinderin halten, sehen sie demzufolge gar nicht die Notwendigkeit, sich über Erfindungen und das Patentrecht zu informieren.

In den vielen Jahren meiner Vortragstätigkeit haben sich Frauen in größerem Umfang nur bei ausdrücklich für Frauen ausgewiesenen Veranstaltungen gefunden, etwa bei einer der ersten Physikerinnentagungen[6] der Deutschen Physikalischen Gesellschaft oder bei der Konferenz *I, Scientist*[7] der Lise-Meitner-Gesellschaft. Im Übrigen muss man sich fragen, ob das Patentrecht wirklich so spannend für Entwicklerinnen ist, denn ihre Aufgabe ist es, neue Dinge zu entwickeln, und nicht, wie man einen Amtsbescheid beantwortet. Dafür sind die patentanwaltlichen Vertreter*innen da.

Eine gezielte Ansprache von Frauen und potenziellen Erfinderinnen etwa in Vorträgen, Sprechstunden und Workshops wird also ihre Zielgruppe nur erreichen, wenn sie berücksichtigt, dass die Erfindungen noch nicht erkannt wurden. Fragestellungen wie *Woran erkenne ich eine Erfindung?* oder besser eine Formulierung, die mit wissenschaftlichem Fortschritt, neuen Entwicklungen oder Innovationen zu tun hat – und eben nicht die Schlagworte *Erfindung* und *Patent* nennt –, könnte bei denen, die sich nicht für eine Erfinderin halten, zum Ziel führen. Auch eine individuelle Sprechstunde oder ein *Jour fixe* für alle, also auch diejenigen, die glauben, nichts erfunden zu haben, kann sinnvoll sein.

Die vielversprechendste Ansprache von Erfinderinnen erreicht eine Patentanwältin, wenn sie gezielt durch die Labors und Entwicklungsabteilungen geht und sich von den potenziellen Erfinderinnen erläutern lässt, woran sie gerade arbeiten. Eine Patentanwältin wird nach einigen wenigen Fragen sehr schnell erkennen, ob da unerkannt eine möglicherweise schutzfähige Erfindung schlummert. Natürlich können Patentanwältinnen nicht einfach durch die Labore gehen und Aufträge akquirieren. Voraussetzung ist der explizite Wille und ein Auftrag von Patentabteilungen in Unternehmen, Patentstellen der Hochschulen und sonstigen zuständigen Stellen in Forschung und Wirtschaft. Die Erkenntnis muss vorhanden sein, dass Männer mit ihren Ideen extrovertierter als Frauen umgehen und dass zumindest die Ersterfindungen von Frauen nur dann gefunden werden, wenn man explizit auf die Ersterfinderinnen zugeht.

Bei der zweiten Erfindung wird das Leben deutlich leichter: Erfahrungsgemäß erkennen Erfinder*innen ihre Erfindungen schneller, wenn sie bereits eine Erfindung gemacht und als solche erkannt haben. Es gibt also eine große Anzahl an *Wiederholungstäter*innen*.

Diesen Effekt kann man sich zunutze machen. Wer potenzielle Erfinderinnen anhält, regelmäßig auch in der Patentliteratur zu recherchieren, sorgt dafür, dass diese lernen, was schutzfähig sein kann. Sie gewinnen Erfahrung mit Erfindungen, ohne jemals vorher eine Erfindung gemacht oder erkannt zu haben. Dadurch wird die Hürde, eine Erfindung zu erkennen, spürbar gesenkt.

Die obigen Vorschläge sind nicht nur für die einzelne Erfinderin, sondern auch für ganze Unternehmen und Forschungseinrichtungen geeignet. Aber was kann die einzelne Frau tun, wenn sie auf wenig erfinderinnenfreundliche Strukturen stößt? Ich habe vier Anregungen: Sie kann Strukturen wahrnehmen, das Umfeld auswählen und gestalten und Allianzen bilden.

1 https://www.penguinrandomhouse.de/Paperback/Unsichtbare-Frauen/Caroline-Criado-Perez/btb/e561586.rhd
2 https://www.ardmediathek.de/video/herstory/herstory-1-4-lebensgefahr-frauen-und-medizin/das-erste/Y3JpZDovL3dkci5kZS9oZXJzdG9yeS80NzczNTlhMC0wZmIxLTRiOT3tYM3ZC0zYmQwYzRmOTJiODQ/
3 https://www.dresden.ihk.de/servlet/veranstaltung?veranst_id=4966&duva_id=34685&ref_detail=veranstaltung&ref_sprache=deu
4 https://www.patente-stuttgart.de/index.php?page=veranstaltungen&evnt=208
5 https://www.uni-muenster.de/AFO/aktuelles/news/2021/patentfuehrerschein_selbstlernangebot.html
6 www.physikerinnentagung.de
7 https://year2020.iscientist.de/workshops/

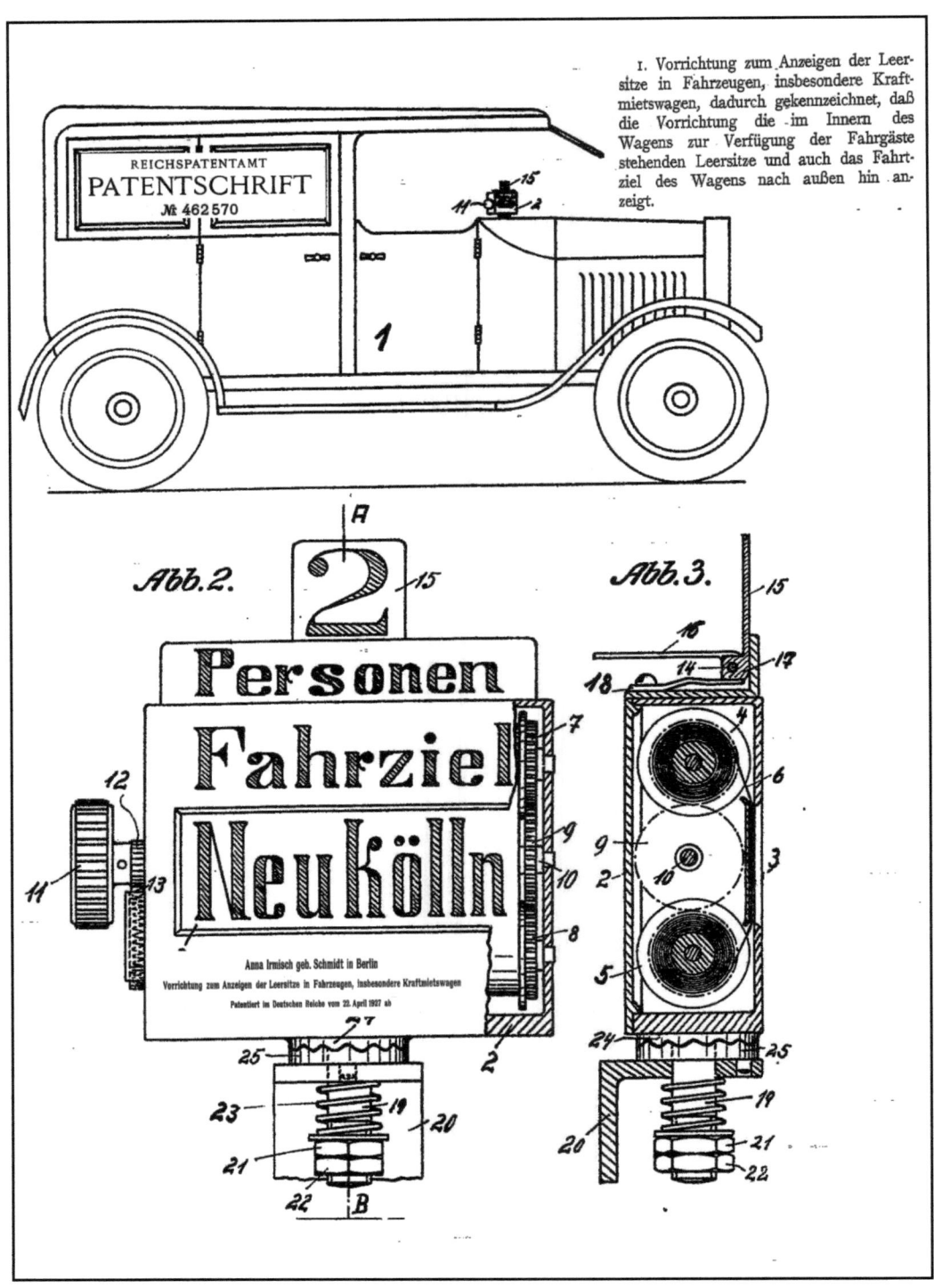

7 Selbsterkenntnis ...

Ein Unternehmen kann sich noch so sehr anstrengen und Frauen-*Förderung* betreiben – wenn die Frauen allein bleiben, dann wirds nix. Oder doch? Zunächst einmal muss man dafür sorgen, dass die Frauen nicht aus dem eigentlichen Beruf in ein anderes Thema wechseln oder gleich ganz zu Hause bleiben. Und dabei helfen – andere Frauen!

Wenn in unserer Familie früher jemand einen Fehler erkannte und mehr oder weniger frustriert rief *Ich Esel*, dann waren die Geschwister nicht weit, die lachend erwiderten: *Selbsterkenntnis ist der erste Weg zur Besserung*. In diesem alten Spruch steckt viel Wahrheit. Wie soll eine Erfinderin überhaupt merken, dass sie nur deswegen ihre Erfindungen nicht erkennt, nicht meldet und nicht schützen lässt, weil sie gar kein Bewusstsein für ihr Umfeld hat?

Es gilt also, zunächst einmal den Blick zu heben und sich umzuschauen. In welchem Umfeld befinde ich mich? Arbeite ich ausschließlich mit Männern oder sind im näheren oder weiteren beruflichen Umfeld auch Forscherinnen und Entwicklerinnen tätig? Wie hoch ist überhaupt der Frauenanteil in den Abteilungen, in denen Menschen mit meinen beruflichen Fähigkeiten und meiner beruflichen Qualifikation arbeiten? Dabei darf man sich nicht täuschen lassen: Vielfach ist der Frauenanteil in einer Abteilung, etwa in der Chemie, hoch, aber die Frauen arbeiten als Laborantinnen oder Assistentinnen und nicht als studierte Chemikerinnen. Ein fairer Vergleich berücksichtigt also vornehmlich die Verteilung auf der gleichen Hierarchieebene.

Als Nächstes gilt es zu schauen, wie sich eine potenzielle Erfinderin in ihrem eigenen Umfeld wahrnimmt. Fühlt sie sich als etwas Besonderes? Fühlt sie sich ausgeschlossen? Ist sie in Besprechungen und Diskussionen eine gleichberechtigte Gesprächspartnerin?

Werden ihre Kritik, ihre Ideen, Vorschläge und Anregungen aufgenommen und diskutiert oder werden ihre Beiträge ignoriert und im besten Fall von einem Kollegen adaptiert? Zur Klärung dieser Fragen ist es eventuell sinnvoll, einen erfahrenen Coach hinzuzuziehen.

Eine Frau, die in einem von Männern geprägten Umfeld arbeitet, verändert möglicherweise ihre Arbeits- und Verhaltensweise. Sie passt sich an. Der Pixar-Kurzfilm *Purl* von Kristen Lester[1] zeigt in gut acht Minuten, wie sich eine Frau in einer Männerwelt fühlt. Manch eine Frau lässt sich aus den männerdominierten Forschungs- und Entwicklungsabteilungen in Bereiche vertreiben, in denen mehr Frauen tätig sind.

Während der Anteil an Patentanwältinnen immer noch gering ist, so gibt es im Umfeld doch wenigstens Rechtsanwältinnen und Paralegals, mit denen andere Dinge als typische Männerthemen diskutiert werden können. Ich kenne viele Frauen mit MINT-Studium, die in Bereiche außerhalb von Forschung und Entwicklung wechseln. Eine herausragende theoretische Physikerin arbeitet jetzt als Fotografin. Verlage freuen sich über Physikerinnen, die keine Lust mehr auf Forschung und Entwicklung hatten. Auch die Transferstellen einiger Universitäten und Unternehmensberatungen sind mit der Expertise meiner Kolleginnen aus der Physik gesegnet. Und schließlich wandern viele nach dem Physikstudium oder spätestens nach der Promotion innerlich aus und leben ein Leben als Hausfrau und Mutter. Ein Physikstudium, um am Ende einen Beruf zu ergreifen, der wenig physikalische Fähigkeiten erfordert? Nicht alle Frauen verlassen den Beruf. Auf ihnen ruhen meine Hoffnungen für mehr Erfinderinnen.

Die Anpassungsleistung derjenigen, die bleiben, kann für einen reibungslosen Betriebsablauf erforderlich sein, aber sie ist weder für die Kollegin noch für das Team und das Unternehmen gut. Denn gerade die Eigenschaften, die den Unterschied ausmachen, bringen neue Sichtweisen und Impulse, die ein Team oder Unternehmen innovativer werden lassen kann. In einer immer wieder bestätigten[2] Studienreihe *Women matter* von McKinsey[3] wird der Zusammenhang zwischen Diversität und Geschäftserfolg belegt. Was im Finanzwesen richtig ist, kann in MINT-Bereichen nicht falsch sein.

Wenn sich die eine Frau oder die wenigen Frauen an die Gepflogenheiten im männlich geprägten Team anpassen, dann gehen diese Vorteile verloren. Außerdem ist eine Anpassungsleistung mit Anstrengungen für die Frauen verbunden, die Zeit und Energie für ihre eigentlichen Aufgabenfelder rauben.

Frauen, die gerne forschen, sollten in einem Umfeld arbeiten, in dem sie sich wohlfühlen. Sie sollten sich weder anpassen müssen noch gezwungen sein abzuwandern. Es ist also richtig, rechtzeitig zu fragen: Was macht das Umfeld mit mir? Beeinflusst oder stört es mich, dass ich allein unter Männern arbeite? Potenzielle Erfinderinnen, die sich solche Fragen stellen, können sich zumindest geistig auf die von Männern geprägten Strukturen einstellen und entsprechend vorbereiten.

---

1   https://www.youtube.com/watch?v=B6uuIHpFkuo
2   https://www.mckinsey.com/de/news/presse/neue-studie-belegt-zusammenhang-zwischendiversitat-und-geschaftserfolg
3   https://www.mckinsey.com/featured-insights/gender-equality/women-matter-ten-years-ofinsights-on-gender-diversity

DEUTSCHES REICH

AUSGEGEBEN AM
19. JANUAR 1931

REICHSPATENTAMT
PATENTSCHRIFT
№ 516 150
KLASSE **3b** GRUPPE 40
3b B 11. 30
Tag der Bekanntmachung über die Erteilung des Patents: 24. Dezember 1930

Anna Stephan in Berlin

Schmutzfänger

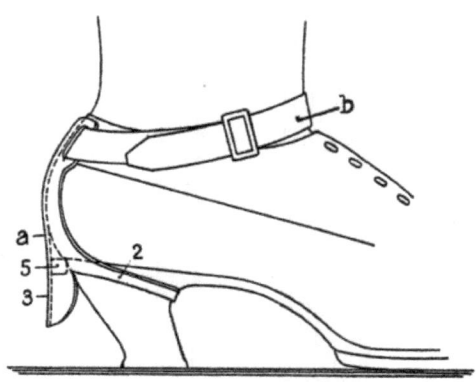

Abb. 2.

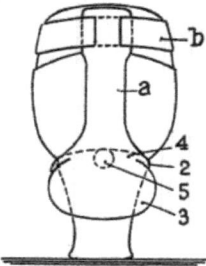

8 My home is my castle

Nicht nur für Frauen in einer Männerumgebung gibt es zusätzliche Hürden. Auch Erfinder*innen passen nicht immer in ein ansonsten spießiges Umfeld. Es lohnt sich also, bei der Auswahl des Arbeitsplatzes mal genauer hinzuschauen und diesen aktiv mitzugestalten. Toxisches Umfeld? Finger weg! Aber was ist eigentlich ein toxisches Umfeld?

Selbstverständlich ist es ausgesprochen schwer, ein männlich geprägtes Umfeld als Einzelne zu verändern. Auch mutige Gleichstellungsbeauftragte werden mit ihren Forderungen, Wünschen und Vorschlägen gerne belächelt und ihr Amt als vorgeschriebene, aber wenig sinnvolle Einrichtung abgefertigt. Aber es gibt sie natürlich doch: die Institute, Unternehmen, Arbeitsgruppen und Entwicklungsabteilungen, in denen Frauen sich wohl und angenommen fühlen. Häufig finden sich dort auch mehr Frauen in Entscheiderpositionen oder es gibt eine professionelle, moderne Personalabteilung.

Das Staufenbiel Institut veröffentlicht eine Checkliste[1] für *frauenfreundliche Unternehmen*. Mit dem *Female Recruiting Award*[2] werden auf der Messe WOMEN&WORK besonders frauenfreundliche Unternehmen ausgezeichnet, die es am besten geschafft haben, Frauen anzusprechen und sich als attraktiver Arbeitgeber oder attraktive Arbeitgeberin zu präsentieren. Allerdings gelten Auszeichnungen und Kriterien, etwa aus der Brigitte-Studie[3], regelmäßig nur für den gesamten Unternehmensquerschnitt und bewerten Dinge wie flexible Arbeitszeiten und Vereinbarkeit generell. Solche positiven Bewertungen sind, wie die Auszeichnung von beispielsweise BMW zeigt, noch kein Garant dafür, dass sich Frauen auch in den reinen Männerclubs der Entwicklungsabteilungen in aller Weiblichkeit entfalten können.

Das Gleiche gilt für Menschen, die Erfindungen machen. Erfinderinnen und Erfinder sind nicht gerade beliebt und werden gerne gemobbt. Eine Erfinderin hat also nicht nur mit genderspezifischen Unterschieden bei den Verhaltensweisen zu tun, sondern läuft zusätzlich Gefahr, mit ihren innovativen Ideen anzuecken.

Ein wichtiges Kriterium bei der Auswahl einer neuen Arbeitsstelle ist, wie viele Frauen bereits in der Abteilung arbeiten oder wie viele Frauen gemeinsam in der Abteilung eingestellt werden und wie man mit Erfinder*innen umgeht. Auch eine Frau in Entscheiderposition, etwa eine Professorin als Teamleiterin, kann ein Indiz für eine frauen- und erfinderfreundliche Umgebung sein. Allein unter Männern mit der Einstellung *Patente sind teuer und bringen nichts*? Ich würde raten: Finger weg. Wer als MINT-Absolventin bei der Arbeitsstelle die Wahl hat, sich das Umfeld auszusuchen, sollte von dieser Wahlmöglichkeit Gebrauch machen.

Umfeld gestalten

Fast alle Unternehmen und Forschungseinrichtungen gewähren ihren Mitarbeiter*innen Freiraum. Einige mehr, andere weniger. Als Erfinderin gilt es, diesen Freiraum zu nutzen. Dabei geht es weniger darum, flexible Arbeitszeiten für eine bessere Vereinbarkeit von Familie und Beruf auszuhandeln. Nicht alle Frauen sind Mutter und müssen sich um die Familie kümmern. Es geht vielmehr um Themen, die dem Interesse der Frauen entsprechen und an denen Frauen richtig gerne arbeiten. An sinnstiftenden Themen, die den Erfinderinnen das Gefühl geben, *die Welt zu retten*, arbeitet es sich deutlich leichter als an Themen, die von irgendjemandem vorgegeben wurden.

Selbstverständlich wird es erst auf höheren Hierarchieebenen möglich, vollständig eigene Themen zu setzen und zu bearbeiten. Trotzdem kann die weibliche Sichtweise auf einen Forschungsgegenstand völlig neue Akzente setzen: Wer Sicherheitsgurte entwickelt und testet, wird als Frau vielleicht auch einmal auf die Idee kommen, dass diese nicht für kleinere Menschen und schon gar nicht für Schwangere geeignet sind. Wer in der Pharmazie arbeitet und an der Entwicklung von neuen Medikamenten beteiligt ist, wird sich vielleicht auch einmal anschauen, an wem die Medikamente getestet werden und ob genügend weibliche Testpersonen berücksichtigt werden. Auch bei vermeintlich objektiven Fächern wie in der Verkehrsplanung können Genderaspekte eine wesentliche Rolle spielen[4]. Gender in der Methodenentwicklung für instrumentelle Analytik? Vielleicht überlegt eine Frau eher, ob sich Pestizide in der Muttermilch oder Arsen in der Pille finden. Frauenspezifische Themen stecken überall und es braucht Frauen und Erfinderinnen mit den ihnen eigenen Erfahrungen, um diese Themen zu entdecken, zu bearbeiten und die bisherigen Lösungen zu verbessern.

Das Umfeld lässt sich aber auch auf andere Weise gestalten. Eine Erfinderin kann beispielsweise darauf bestehen, mit wem sie zusammenarbeiten möchte. Natürlich gehört dazu, dass eine Patentanwältin sich leichter in eine Erfinderin einfühlen kann als ein Patentanwalt. Auch bei der Auswahl der Lieferanten und Kooperationspartner und deren Ansprechpartner*innen kann eine Entwicklerin oder Forscherin gelegentlich Einfluss nehmen. Wer einen Vortrag halten oder eine wichtige Idee veröffentlichen möchte, hat die Wahl, auf welcher Veranstaltung dies erfolgen soll. Ein Kongress, bei dem die Abendveranstaltung für nicht-tanzende Frauen mangels ausreichender Anzahl an Tänzerinnen zum Spießrutenlauf wird, ist dann möglicherweise nicht gleich die erste Wahl.

Hier geht es nicht um Männerbashing. Es versteht sich, dass es genauso viele unangenehme Frauen gibt wie Männer. Die Männer, mit denen ich während meiner Ausbildung und meiner beruflichen Tätigkeit zusammengearbeitet habe, waren ausgesprochen nett. Es liegt meist nicht an den Männern, wenn etwas schiefläuft, und die Männer machen auch nichts falsch. Die Schnittmenge an Verhaltensweisen, Gesprächsthemen und Empfindungen unter Frauen ist aber meiner Erfahrung nach größer und sorgt für mehr Wohlbefinden.

Wohlbefinden wiederum ist eine der Voraussetzungen, um Kreativität freizusetzen, aus denen Erfindungen erwachsen können.

Obwohl fast alle Männer nett und umgänglich sind, kennt jede*r natürlich den einen Chauvi, der nichts auslässt, um sich über *Gendergedöns* lustig zu machen. In der Verkleidung des väterlichen Freundes werden neue Ideen verworfen, ungebetene Ratschläge erteilt und Veränderungen blockiert. Redebeiträge werden übergangen und während das Team auf heißen Kohlen sitzt, um eine Deadline zu schaffen, müssen sich alle in der Besprechung Nebensächlichkeiten anhören, die dieser Chauvi der Welt mitteilen muss.

Man kann diese Männer oft nicht gleich als Chauvis erkennen. Sie müssen nämlich weder alt noch doof sein. Ganz im Gegenteil: Sie können großzügig, loyal, intelligent und erfolgreich sein und vergleichsweise gute Umgangsformen haben. Gehört eine kleine Geschichte aus dem Privatleben oder ein bisschen Politiker*innen-Bashing nicht auch zum Small Talk? Trotzdem sind es die kleinen Bemerkungen genau dieser Menschen, die *ja gar nicht so ernst gemeint sind*, die eine Erfinderin davon abhalten können, ihre Erfindung preiszugeben. Herablassend wird darauf aufmerksam gemacht, dass man sich *doch nicht so anstellen* möge, wenn eine Frau darauf aufmerksam macht, dass ihr etwas nicht passt. Außerdem wird den Frauen gleich jeglicher Humor abgesprochen, wenn sie die stereotypen Witzchen nicht genauso witzig finden wie unser Chauvi. *Lach doch mal.*

Es ist egal, ob dieser Thomas, Christian oder Michael Abteilungsleiter in Sichtweite der Pensionierung ist oder als Ben, Lukas oder Jakob am Laborplatz neben einer Erfinderin ehrgeizige Pläne verkündet: Solche Männer können ohne erkennbare oder ausgewachsene Bösartigkeit verhindern, dass eine Erfinderin zu ihren Erfindungen steht und ihre Visionen preisgibt.

Es reicht schon aus, dass derjenige, dem die Erfinderin schließlich ihre Erfindung offenbart, nicht vernünftig zuhört. Es reichen kleine Bemerkungen wie *Das funktioniert doch gar nicht*, *Das lässt sich bei uns nicht verwirklichen* oder *Das gibt es schon,* um eine möglicherweise zögerliche erste Offenbarung der Erfindung im Keim zu ersticken. Gar nicht zu reden von der Steigerung in abfälliger und wenig sachlicher Form von *Du spinnst, Du traust dich was* bis *Träum weiter.* Auch vermeintlich gutgemeinte Ratschläge und Bedenken wie *Die Erfindung steht in Konkurrenz mit unseren eigenen Produkt, Patentanmeldungen sind teuer* und *Wenn wir das zum Patent anmelden, treten wir unserem Kooperationspartner/Lieferanten auf die Füße* sind wenig hilfreich, wenn es darum geht, eine Ersterfindung aus der Erfinderin herauszukitzeln.

Die Lösung für den Umgang mit einem toxischen Umfeld ist einfach: Die Erfinderin muss ihre Erfindung gar nicht dem Chef oder den Kollegen mitteilen, sondern kann eine Erfindungsmeldung einfach an die Patentabteilung schicken. Sie muss weder ihre Erfindung noch die Tatsache, dass sie eine Erfindungsmeldung eingereicht hat, ihrem Umfeld mitteilen. Statt der Kollegen aus dem unmittelbaren Umfeld kann die Patentanwältin als Sparringspartnerin dienen: Erfindungen sind ihr Beruf und sie weiß, wie man mit neuen Ideen umgeht, auch wenn sie mal nicht so gelungen sind.

Einige Männer und vielleicht sogar die eine oder andere Frau werden sich die Augen reiben, wenn sie hier lesen, was Frauen davon abhalten kann, ihre Erfindungen zu melden und zu offenbaren. Wirklich? Diese kleinen Bemerkungen und nichtigen Verhaltensweisen können so wichtig werden und ernsthafte Hürden bilden? Können sie. Der eine oder andere hat es vielleicht schon bemerkt: Frauen unterscheiden sich von Männern. Frauen wollen auch Respekt, aber noch mehr wollen sie gemocht werden. Wer Frauen ignoriert, mansplaint, ihre Ideen adaptiert oder lächerlich macht, wer ihnen nicht ordentlich zuhört und herablassende oder witzig gemeinte Bemerkungen macht, zeigt, dass ihm Frauen – oder die eine Erfinderin – beruflich egal sind. Das herablassende Verhalten ist vielen gar nicht bewusst und schließt nicht aus, dass der Mann diese Frau privat ganz anders sieht. Aber es fehlen die berufliche Anerkennung und der Zuspruch, den Frauen brauchen, um kreativ zu sein und positive Energie zu entwickeln. Komplimente für gutes Aussehen und niedliche Kinder sind da wenig hilfreich. Ganz im Gegenteil: Wenn der einzige Zuspruch, den eine Erfinderin erhält, aus solchen Komplimenten besteht, wird sie beruflich ausgehungert.

---

1   https://www.staufenbiel.de/magazin/joballtag/checkliste-frauenfreundliche-unternehmen.html
2   https://2019.womenandwork.de/specials/female_recruiting_award/
3   https://www.brigitte.de/academy/karriere/die-besten-arbeitgeber-fuer-frauen---brigitte-studieklaert-auf-11267534.html
4   https://www.genanet.de/themen/mobilitaet

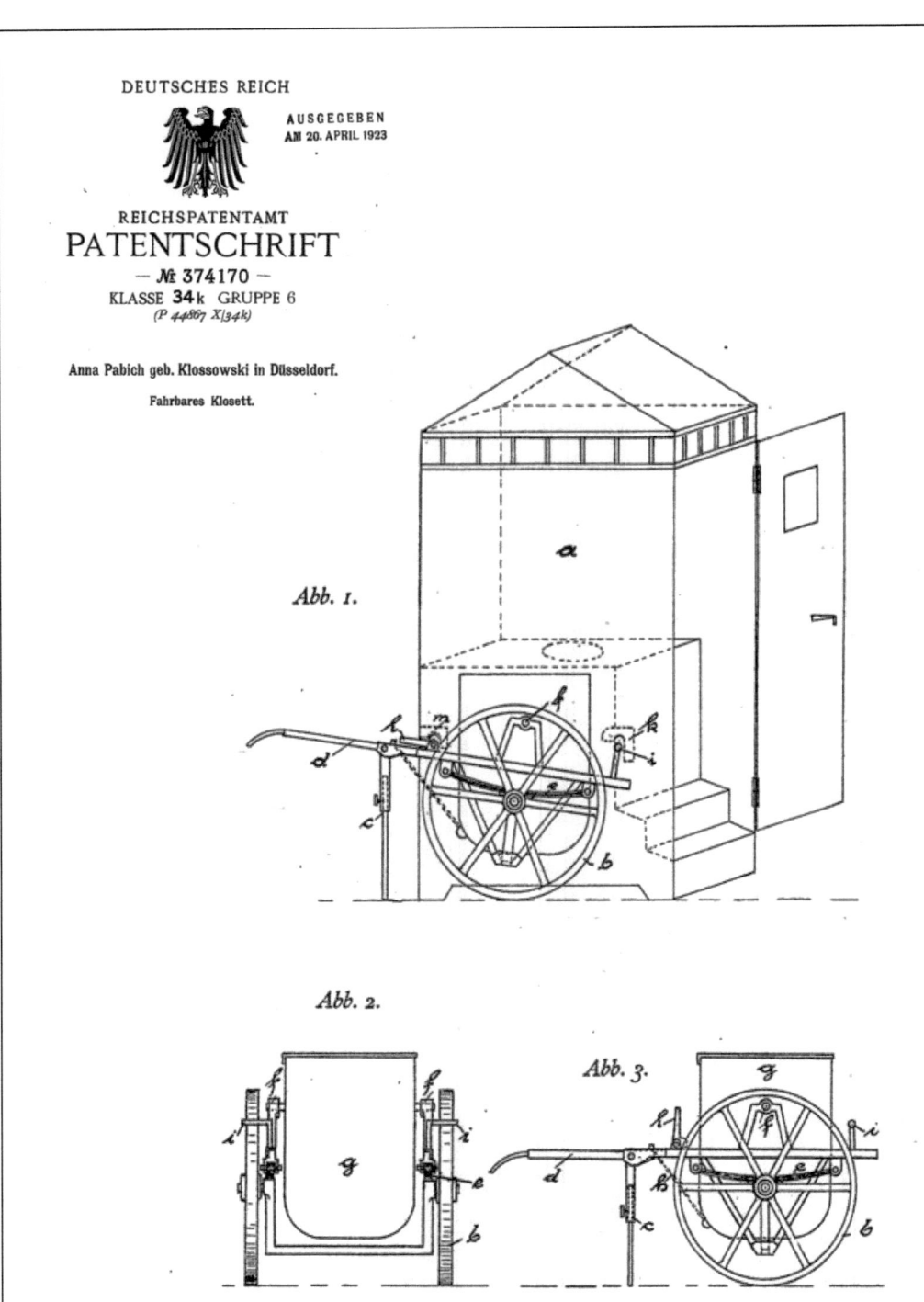

9 Empowerment

Wer mag keinen Zuspruch und Wertschätzung? Wenn die unmittelbare Umgebung mit Lob und Liebe geizt, muss frau ihr Wohlbefinden selber in die Hand nehmen. Am besten, bevor sie unglücklich wird. Netzwerken heißt das Stichwort:

Erfinderinnen sind oft doppelt exotisch. Einerseits arbeiten sie häufig in einer von Männern geprägten Umgebung und andererseits sind Erfinder*innen – Männer wie Frauen – typische Querdenker[1]. Nicht nur Frauen in Entwicklungsabteilungen, sondern auch ihre männlichen Erfinderkollegen haben häufig Schwierigkeiten, sich in den Betriebsalltag einzufügen und einfach nur zu tun, was ihnen gesagt wird. Erfinderinnen kämpfen an beiden Fronten.

Zuspruch, Unterstützung und Rückenwind tut jedem gut. Während vielen Männern aber die Bestätigung auf dem Kontoauszug am Monatsende in Form eines Dienstwagens und eines Schulterklopfens coram publico völlig ausreicht, brauchen Frauen andere Formen des Zuspruchs.

Dauerhafte und ernst gemeinte Wertschätzung sowie die Anerkennung beruflicher Erfolge ermöglichen die freie berufliche Entfaltung und lassen nicht nur bei Frauen in MINT-Berufen auf Erfindungen hoffen. Es ist durchaus möglich, gezielt nach Rückenwind zu suchen.

Unter dem Begriff *Empowerment* treffen sich Frauen und tauschen sich mit dem Ziel aus, die anderen in dem zu bestärken, was sie tun. Derartigen Rückenwind können nicht nur die unmittelbaren Laborkolleginnen geben. Betriebliche oder außerbetriebliche Mentorinnen, Erfinder*innenstammtische und Frauennetzwerke im MINT-Bereich wie die Lise-Meitner-Gesellschaft[2], das VDI-Netzwerk *Frauen im Ingenieurberuf*[3] oder die Frauennetzwerke der großen Konzerne sind gut geeignet, Frauen Wertschätzung und Rückenwind zu vermitteln. Auch Veranstaltungen wie die von BMW unterstützte *Ladies Night*[4], der Kongress *I, Scientist*, die *Deutsche Physikerinnentagung*[6] oder die Messe *herCareer*[7] können Frauen dabei helfen, berufliche Unterstützung zu finden und sich mit Gewinn auszutauschen. Erfinderinnen, die ihre Erfindung für die Gründung eines Startups nutzen, finden im Netzwerk *encourageventures*[8] viel Unterstützung.

In großen Betrieben sind solche Netzwerke häufig schon vorhanden. Eine potenzielle Erfinderin, die in einem kleineren Betrieb ohne vergleichbare Netzwerke tätig ist, findet Gleichgesinnte in regionalen und überregionalen Netzwerken. Es kann sich durchaus lohnen, als Erfinderin auch gezielt nach weiteren Ingenieurinnen, Physikerinnen und Chemikerinnen im Betrieb zu suchen. Ein informeller Stammtisch lässt sich ohne großen Aufwand organisieren. Anders als bei *besten Freundinnen* zuhause ermöglichen solche beruflichen Netzwerke und Kontakte auch den fachlichen Austausch mit kompetenten Frauen.

Vielfach sind es schon kleine Tipps, etwa wo bestimmte Betriebsmittel zu erlangen sind, wer im Betrieb für was zuständig ist und wo welche Menschen mit welchen Fähigkeiten bei einem Problem weiterhelfen können, die Blockaden lösen und ein Projekt den entscheidenden Schritt vorwärts bringen können. Auch wenn es nach *Ratschen* klingt: Frauen können sich auch darüber austauschen, wie mit dem/der einen oder anderen Kolleg*in am einfachsten umzugehen ist.

Die Schaffung von Erfinderinnen-freundlichen Strukturen durch Unternehmen, die Auswahl solcher Betriebe bei der Wahl des Arbeitsplatzes und das Pflegen von Netzwerken ist aber nur eine Seite der Medaille. Keine dieser Maßnahmen kann helfen, wenn individuelle Gründe die Erfinderin daran hindern, ihre Erfindungen zu erkennen und zu offenbaren.

---

1 Im ursprünglichen Sinn, nicht Querdenker im Zusammenhang mit Covid.
2 https://www.lise-meitner-gesellschaft.org/
3 https://www.vdi.de/aktivitaeten/netzwerke/frauen-im-ingenieurberuf
4 https://www.bmwgroup-werke.com/berlin/de/aktuelles/2019/Vierte-BMW-Ladies-Night.html
5 www.iscientist.de
6 www.physikerinnentagung.de

REICHSPATENTAMT
PATENTSCHRIFT
№ 634 737
KLASSE **34f** GRUPPE 11₀₆
I 51552 X/34f
Tag der Bekanntmachung über die Erteilung des Patents: 13. August 1936

Anna Immenkamp geb. Piening in Kiel

Kanne mit durch einen oben im Ausguß vorgesehenen Schlitz einsetzbarem
und in seitlichen Führungen gehaltenem Sieb

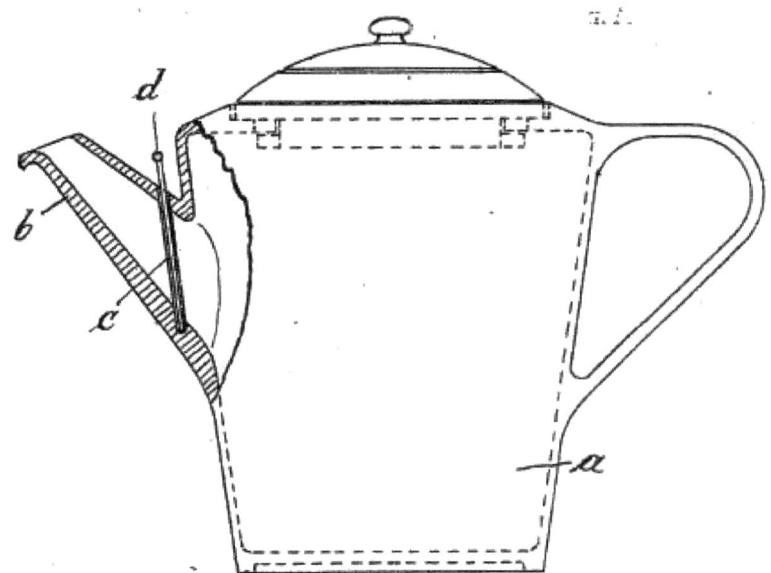

Kanne mit durch einen oben im Ausguß vorgesehenen Schlitz einsetzbarem und in seitlichen Führungen gehaltenem Sieb, dadurch gekennzeichnet, daß das Sieb (*f*) aus einem **U**-förmigen Drahtbügel (*d*) mit übergezogenem Filterbeutel besteht und der Drahtbügel (*d*) mit Nokken (*e*) versehen ist, die sich in Ausbuchtungen der Siebführungen (*c*) im Ausguß legen.

10 Selbst schuld

Es gibt verschiedene Gründe, warum Erfindungen von Frauen auch dann nicht zum Patent angemeldet werden, wenn das Umfeld stimmt. Dazu gehören Zeitmangel, politische Gründe, mangelnde Entscheidungskraft, mangelnde Erfahrung mit dem Thema Erfindungen und Patente und schließlich auch das mangelnde Selbstbewusstsein in Verbindung mit einer gewissen Glorifizierung von Erfindungen. Oder anders ausgedrückt: Wenn das Mindset der Erfinderin in spe nicht stimmt, dann kann eine Patentanwältin noch so oft zu Besuch kommen: Die Erfindung wird nicht gemeldet werden.

Ich berate regelmäßig Hochschulen zum Thema Erfindungen und Patente und habe unzählige Vorträge, Keynotes, Workshops, Vorlesungen und Einzelberatungen durchgeführt, in denen ich Hochschulangehörigen und Studierenden nicht nur erläutere, wie man eine Erfindung patentiert, sondern vor allem auch, woran man eine Erfindung erkennen kann. Trotzdem ist es bereits mehrfach vorgekommen, dass eindeutig erfinderische Produkte von den Erfinder*innen selbst oder deren Kooperationspartnern auf Messen oder Veranstaltungen öffentlich vorgestellt wurden, ohne dass eine Patentanmeldung eingereicht wurde. Das ist der größte anzunehmende Unfall für jede*n, der/die ein Interesse an der Patentierung und Verwertung der Entwicklungsergebnisse hat. Einmal veröffentlicht, kann kein rechtsbeständiges Patent mehr erlangt werden. Da kann kein Patentanwalt und keine Patentanwältin mehr helfen.

Ich will eine wohl durchdachte politische Einstellung oder das Zeitmanagement der Erfinderinnen gar nicht hinterfragen. Häufig beruhen die individuellen Hemmnisse aber auf einer Fehleinschätzung des mit einer Erfindungsmeldung verbundenen Aufwands und des Sinns und Zwecks von Patentschutz. Hier hilft Aufklärung. Mangelnde Erfahrung im Umgang mit Erfindungen und Patenten und die gelegentliche Glorifizierung sind ebenfalls behebbare Hemmnisse.

10.1 Zeitmangel

Gerade in Forschungs- und Entwicklungsabteilungen wird viel Engagement verlangt. Längst hat sich herumgesprochen, dass innovative Unternehmen am Markt erfolgreicher sind. Entsprechend kurz sind Entwicklungszyklen für neue Produkte. Deadlines sind nur mit hohem Zeitaufwand einzuhalten. Berichtspflichten, Verwaltungsaufwand und kleine Zusatzaufgaben fressen die wertvolle Zeit der Kreativen. Es ist leicht einsehbar, dass viele nicht noch zusätzliche Erfindungsmeldungen verfassen mögen, die zu vermeintlich unnötigen Überstunden führen. Schließlich will auch noch die wissenschaftliche Veröffentlichung fertiggestellt werden.

Vielleicht hat sich schon herumgesprochen, dass die Patentierung einer Erfindung keinen Prototypen voraussetzt. Es ist auch keine Erlaubnis erforderlich, eine Erfindungsmeldung einzureichen. Die Erfindung muss in der Patentanmeldung lediglich so offenbart sein, dass der Fachmann sie ausführen kann.

Patentgesetz
§ 34

(1) Eine Erfindung ist zur Erteilung eines Patents beim Deutschen Patent- und Markenamt anzumelden.
(2) Die Anmeldung kann auch über ein Patentinformationszentrum eingereicht werden, wenn diese Stelle durch Bekanntmachung des Bundesministeriums der Justiz und für Verbraucherschutz im Bundesgesetzblatt dazu bestimmt ist, Patentanmeldungen entgegenzunehmen. Eine Anmeldung, die ein Staatsgeheimnis (§ 93 Strafgesetzbuch) enthalten kann, darf bei einem Patentinformationszentrum nicht eingereicht werden.
(3) die Anmeldung muß enthalten:

1. den Namen des Anmelders;
2. einen Antrag auf Erteilung des Patents, in dem die Erfindung kurz und genau bezeichnet ist;
3. einen oder mehrere Patentansprüche, in denen angegeben ist, was als patentfähig unter Schutz gestellt werden soll;
4. eine Beschreibung der Erfindung;
5. die Zeichnungen, auf die sich die Patentansprüche oder die Beschreibung beziehen.

(4) Die Erfindung ist in der Anmeldung so deutlich und vollständig zu offenbaren, daß ein Fachmann sie ausführen kann.
(5) Die Anmeldung darf nur eine einzige Erfindung enthalten oder eine Gruppe von Erfindungen, die untereinander in der Weise verbunden sind, daß sie eine einzige allgemeine erfinderische Idee verwirklichen.
(6) Das Bundesministerium der Justiz und für Verbraucherschutz wird ermächtigt, durch Rechtsverordnung Bestimmungen über die Form und die sonstigen Erfordernisse der Anmeldung zu erlassen. Es kann diese Ermächtigung durch Rechtsverordnung auf das Deutsche Patent- und Markenamt übertragen.
(7) Auf Verlangen des Deutschen Patent- und Markenamts hat der Anmelder den Stand der Technik nach seinem besten Wissen vollständig und wahrheitsgemäß anzugeben und in die Beschreibung (Absatz 3) aufzunehmen.
(8) Das Bundesministerium der Justiz und für Verbraucherschutz wird ermächtigt, durch Rechtsverordnung Bestimmungen über die Hinterlegung von biologischem Material, den Zugang hierzu einschließlich der zum Zugang berechtigten Personenkreises und die erneute Hinterlegung von biologischem Material zu erlassen, sofern die Erfindung die Verwendung biologischen Materials beinhaltet oder sie solches Material betrifft, das der Öffentlichkeit nicht zugänglich ist und das in der Anmeldung nicht so beschrieben werden kann, daß ein Fachmann die Erfindung danach ausführen kann (Absatz 4). Es kann diese Ermächtigung durch Rechtsverordnung auf das Deutsche Patent- und Markenamt übertragen.

Die Erfindung muss also funktionieren. Nur diese Informationen sind in einer Erfindungsmeldung erforderlich.

Es gibt Betriebe, in denen eine Erfindungsmeldung lange Ausführungen zur Erfindung und ausführliche Beschreibungen der Ausführungsbeispiele umfassen sollen, damit der Patentanwalt oder die Patentanwältin möglichst wenig Arbeit haben. Außerdem sind die Erfinderinnen angehalten, selbst Recherchen durchzuführen, um zu vermeiden, dass viel Geld für eine Patentanmeldung ausgegeben wird, deren Gegenstand sich am Ende als nicht neu und somit nicht patentfähig herausstellt. In einigen wissenschaftlichen Forschungseinrichtungen sind derartige Recherchen sogar vorgeschrieben. Das kann man so machen. Dann darf sich der Betrieb oder die Forschungseinrichtung aber auch nicht wundern, wenn manch eine Erfindungsmeldung aus Zeitnot nicht verfasst und eingereicht wird, obwohl es ein gesetzliches Erfordernis gibt, nach dem die Erfindungen dem Arbeitgeber zu melden sind.

Fatal daran ist, dass ein Unternehmen oder eine Forschungseinrichtung mangels Erfindungsmeldung gar nicht in die Verlegenheit kommt zu entscheiden, ob sie die Erfindung in Anspruch nehmen, zum Patent anmelden und verwerten möchte, denn sie kennen die Erfindung gar nicht. Mein Bestreben als Patentanwältin ist es, möglichst alle Erfindungen bei meinen Mandant*innen aufzuspüren und ihnen überhaupt erst die Wahl zu verschaffen: Ist die Erfindung nützlich oder nicht? Ich kann keine Aussagen über die wirtschaftliche Verwertbarkeit und den Sinn einer solchen Patentanmeldung treffen. Ich kann aber dabei helfen zu entscheiden, ob hier überhaupt eine möglicherweise schutzfähige Erfindung vorliegt. Erst dann ist eine Entscheidung möglich und erforderlich.

Es ist ein großes Missverständnis bei vielen Erfinder*innen und Entscheider*innen in Unternehmen, Hochschulen und Forschungseinrichtungen, dass eine Patentanwältin weniger Mühe hat, eine Patentanmeldung zu verfassen, wenn sie möglichst viel vorformulierten Text bekommt. Das Gegenteil ist der Fall. Patentanmeldungen sind in einer völlig eigenen Sprache formuliert und folgen einem strikten Schema, das sich stark von beispielsweise wissenschaftlichen Veröffentlichungen unterscheidet. Anders als in solchen wissenschaftlichen Texten wird wenig Zeit und Text darauf verwandt, den Stand der Technik zu diskutieren. Es ist völlig ausreichend, diesen anzugeben und in einem Halbsatz auszuführen, worum es darin geht. Viel wichtiger ist eine gute Formulierung der Patentansprüche, denn diese bestimmen den Schutzumfang des Patents. Man könnte es auch so formulieren: Der Hauptanspruch ist das Patent und der Rest ist schmückendes Beiwerk, das Prüfer*innen und Verletzungsrichter*innen in die Lage versetzen soll, den Hauptanspruch zu verstehen. Dieser Hauptanspruch ist ein sehr kurzer Textabschnitt, macht aber am meisten Mühe. Eine falsche Formulierung oder ein überflüssiges Merkmal können eine Erteilung vereiteln oder den gesamten Schutzumfang ruinieren. Es erfordert also viel Grübelei, verschiedene Versuche und lange Erfahrung, um einen sinnvollen Patentanspruch zu formulieren, der einerseits ein schlankes Prüfungsverfahren gewährleistet und trotzdem ausreichenden Schutz bietet.

Die Formulierung des Patentanspruchs setzt ein tiefes Verständnis der Erfindung voraus und es vergehen gerne einige Stunden, bis der Anspruch *sitzt*. Steht der Hauptanspruch, fließen die Unteransprüche und die Beschreibungseinleitung leicht aus der Feder und die Beschreibung der Ausführungsbeispiele ist nur noch einfaches Handwerk. Wer das verstanden hat, weiß, dass lange schriftliche Ausführungen in der Regel wenig helfen, denn laienhafte Formulierungen können ohnehin nicht übernommen werden.

Wenn also ein Unternehmen seine Erfinder*innen dazu drängt, vorab viel zu recherchieren und möglichst viel Text zu verfassen, so bedeutet dies nur, dass die Patentanwältin viel lesen muss, was je nach Relevanz der vorgelegten Rechercheergebnisse die Patentanmeldung eher verteuern kann. Auch die vorformulierten Texte entsprechen regelmäßig nicht dem, was am Ende in der Patentanmeldung steht. Erfinder*innen, die lieber forschen und entwickeln, als Texte zu formulieren, bauen bei solchen Vorgaben möglicherweise unnötige Hürden auf.

Das bedeutet nicht, dass Erfinder*innen eine Patentanmeldung nicht gut vorbereiten können. Bei Vorrichtungen sind beispielsweise gute Zeichnungen sehr willkommen. Auch eine Recherche und kurze Angabe des *nächstkommenden Standes der Technik*, also der Veröffentlichung oder der Vorrichtung, die verbessert werden soll, ist richtig und wichtig. Es muss aber nicht jede Veröffentlichung einzeln kommentiert werden, wenn diese nicht wirklich relevant ist.

Für Patentanwält*innen ist eine kurze Erfindungsmeldung oder ein Anruf – *Ich hab da was!* – deutlich zielführender. Die Erfinderin erläutert die Erfindung und die Patentanwältin macht Notizen, nimmt das Gespräch auf oder merkt sich die Erfindung auf andere Weise. In einem solchen Gespräch können offene Fragen geklärt werden und besprochen werden, welche Zuarbeiten tatsächlich durch die Erfinderin erforderlich sind. Selten dauern solche Besprechungen länger als zwei Stunden. Je nachdem wie lange das Unternehmen bereits durch die Patentanwältin betreut wird, können sie deutlich kürzer ausfallen. Dann ist die Patentanwältin schon mit der Materie vertraut und braucht keine Fragen etwa zum Stand der Technik, zum Laborjargon und zu Besonderheiten des Technolgiefeldes zu stellen.

Der zeitliche Aufwand für Erfinderinnen kann sich im besten Fall auf eine kurze Erfindungsmeldung mit Skizzen oder Zeichnungen, Messwerten und Ergebnissen, die häufig ohnehin vorhanden sind, und eine Besprechung mit der Patentanwältin beschränken. Er ist keinesfalls vergleichbar mit dem Aufwand für beispielsweise eine wissenschaftliche Veröffentlichung oder eine Präsentation auf Messen oder Veranstaltungen. Die Schreibarbeit und die Formulierung der Patentanmeldung wird durch die Patentanwältin übernommen.

Erfinderinnen, die bereits Erfahrung mit Patentanmeldungen und dem Umgang mit Patentanwältinnen haben, wissen das. Diesen Erfinderinnen fällt es also nicht nur deutlich leichter, eine weitere Erfindungsmeldung einzureichen. Sie profitieren auch davon, dass die Veröffentlichungen von Erfindungen in Form von Offenlegungs- und Patentschriften als wissenschaftliche Veröffentlichung gelten. Eine Patentanmeldung kann also viel Zeit sparen, wenn die Veröffentlichung der Erfindung in Form einer Patentanmeldung statt einer wissenschaftlichen Veröffentlichung erfolgt.

10.2 Politische Gründe

Gerade in Technologiefeldern, die eng verknüpft sind mit der Software-Industrie, sind politische Bedenken gegen *das Patentsystem* als Ganzes weit verbreitet. So fordert die Piratenpartei die *langfristige Aufgabe des Patentsystems zuguns-*

ten des wettbewerbsgetriebenen Fortschritts[1]. Die Software-Industrie hat in den 2000er-Jahren die Möglichkeit der Patentierung verhindert und dafür gesorgt, dass *Programme für Datenverarbeitungsanlagen* als solche von der Patentierung explizit ausgenommen sind[2]. Erfinderinnen, die regelmäßig auf einschlägigen Internet-Seiten, etwa Heise[3], ihre Informationen beziehen, können große Vorbehalte gegenüber Patenten entwickeln. Es ist schwer, in wenigen Zeilen festgefahrene politische Bedenken aus dem Weg zu räumen. Einstellungen wie *Ich bevorzuge Open Source*, *Patente nützen nur den Großkonzernen* oder *Ich will die Gesellschaft nicht ihres technologischen Fortschritts berauben* sind in bestimmten Kreisen vorherrschende Grundeinstellungen.

Es steht einer Arbeitnehmerin zumindest in der Theorie nicht zu, Erfindungsmeldungen aus politischen Gründen zu verweigern, denn sie ist gesetzlich zur Meldung verpflichtet. Manch einer passen Geschwindigkeitsbegrenzungen auf der Straße auch nicht und sie muss sich dennoch an die Gesetze halten. Trotzdem ist natürlich eine gewisse Einsicht bei der Erfinderin in den Nutzen von Patenten für das Unternehmen und die Gesellschaft erforderlich, denn der Geist lässt sich selten zwingen.

Unabhängig davon müssen alle Marktteilnehmer*innen auch gewerbliche Schutzrechte beachten. Ein Patent, das erteilt ist, dessen maximale Schutzdauer noch nicht abgelaufen ist und für das die jährlichen Aufrechterhaltungsgebühren ordnungsgemäß entrichtet wurden, ist auch von denjenigen zu beachten, die mit Patenten *nichts am Hut* haben[4].

Bei Erfinderinnen, die nicht abhängig beschäftigt sind, stellt sich die Sinnfrage umso mehr, denn als Selbstständige oder Unternehmerin ist sie ohnehin nicht gezwungen, ihre Erfindungen zum Patent anzumelden. Häufig herrscht die Einstellung *Patente sind teuer und bringen nichts* in Verbindung mit *Ich will mit Patenten nichts zu tun haben und selbst auch keine Patente beachten müssen.*

Wir können hier nicht alle Vor- und Nachteile des derzeitigen Patentsystems diskutieren. Trotzdem erlaube ich mir an dieser Stelle einige wenige Ausführungen in dem Wissen, dass ich natürlich als Patentanwältin sehr subjektiv bin, weil ich davon lebe, dass möglichst viele Unternehmen und Institutionen ihre Erfindungen schützen lassen.

Der individuelle Nutzen eines Unternehmens lässt sich klar belegen: Patente schaffen mit einem Monopol einen Wettbewerbsvorsprung. Wer eine Innovation verkaufen kann, die andere nicht herstellen und anbieten dürfen, positioniert sich am Markt als innovatives Unternehmen und hat zumindest für dieses Produkt oder Verfahren keinen Wettbewerb. Das Patent zwingt den Wettbewerb, selbst Entwicklungsaufwendungen zu tätigen. Dieser kann nicht einfach billig abkupfern und den/die Patentinhaber*in preislich unterbieten.

Patente haben weitere Vorteile: sie werden veröffentlicht und schaffen auch dann Stand der Technik, wenn sie nicht erteilt werden. Der Stand der Technik hindert andere daran, diese oder eine ähnliche Erfindung für sich zu schützen und so zu monopolisieren. Schließlich bilden Patente und Patentanmeldungen einen Wert, der verkauft, beliehen, lizenziert, vererbt oder auf andere Weise wirtschaftlich genutzt werden kann.

Wen diese Vorteile nicht überzeugen, den oder die kann ich nur darauf verweisen, dass allein in Deutschland jedes Jahr fast 70 000 Patentanmeldungen eingereicht werden. Ob alle diese Patentanmelder*innen das Geld einfach so verschwenden oder ob es nicht doch auf irgendeine verborgene Weise Sinn macht, Erfindungen zu schützen? Investor*innen, die in Start-ups investieren, sind jedenfalls überzeugt: kein Patent – kein Investment.

Der gesellschaftliche Nutzen erschließt sich vielen nicht ganz so leicht: Sind Patente nicht nur etwas für vermeintlich reiche Großkonzerne? Wird durch die Monopolisierung von Technik nicht der Fortschritt behindert? Die Antworten lauten jedes Mal nein. Gerade das Gegenteil ist der Fall.

Großkonzerne haben Marktmacht, egal ob sie Patente haben oder nicht. Trotzdem investieren sie viel Geld in Patente, denn ein Konzern wie beispielsweise Bosch hat ja nicht nur ein Patent, dessen Kosten in der Tat Peanuts wären, sondern Tausende von Patenten. Sie investieren dieses Geld, um ihre ebenfalls sehr teuren Entwicklungsaufwendungen zu schützen. Während ein Großkonzern also das Patentsystem nutzt, aber nicht zwingend darauf angewiesen ist, sind Patente für den Mittelstand und erst recht für kleine Ingenieurbüros, Einzelerfinder*innen und Hochschulen zwingend erforderlich. Wenn sie nämlich ihre Entwicklungsergebnisse, die ja auch sehr viel Geld kosten können, nicht schützen lassen, fällt es Dritten, einschließlich der großen Konzerne, leicht, diese einfach abzukupfern, ohne einen einzigen Euro an Lizenzgebühren zu zahlen. Anders als kleinere Unternehmen sind die Technikabteilungen der großen Konzerne und gegebenenfalls Produktpiraten aus dem Ausland leicht in der Lage, ein Produkt zu untersuchen und sich die Rosinen der Entwicklung herauszupicken. Das fällt umso leichter, als Erfinder*innen gerne über ihre Erfindungen sprechen und diese preisgeben. Wenn ein wichtiges Produkt eines Mittelständlers oder Kleinbetriebs von einem großen Unternehmen kopiert und billiger angeboten wird, sind die Entwicklungsinvestitionen *für die Katz*.

Und die Gesellschaft, die eine patentierte Erfindung nicht benutzen darf? Der Deal, den die Gesellschaft seit über hundert Jahren erfolgreich mit den Erfinder*innen eingeht, lautet: *Du offenbarst deine Erfindung, so dass der Fachmann sie ausführen kann, und dafür bekommst du ein zeitlich auf maximal 20 Jahre beschränktes Monopol für deinen Beitrag zum technologischen Fortschritt.* Und zwar nur für diesen Beitrag und nichts anderes. Der Erfinder bzw. die Erfinderin muss *die Hosen runterlassen*. Es darf – wie wir oben am Erfordernis der Ausführbarkeit aus § 34 PatG bereits gesehen haben – nichts Erfindungswesentliches verschwiegen werden. Das macht ein Erfinder oder eine Erfinderin nur, wenn er/sie eine Gegenleistung dafür bekommt. Diese Gegenleistung ist das Monopol und wird nur gewährt, wenn auch wirklich ein erfinderischer Beitrag geleistet wurde. Die Veröffentlichung der Patentanmeldungen sorgt dafür, dass der technologische Fortschritt öffentlich wird und nicht vergessen werden kann. In den Datenbanken der Patentämter ist das technische Wissen der Welt gespeichert und jederzeit kostenlos (!) abrufbar. Ohne unser Patentsystem wäre dies nicht denkbar.

Während also der technische Fortschritt im Allgemeinen durch Patente befördert wird, ist dies auch bei individuellen Patenten der Fall: Der Wettbewerb, der durch ein Patent an der Verwirklichung einer Innovation gehindert wird, ist gezwungen, eigene Entwicklungsaufwendungen zu tätigen, um das Patent zu umgehen. Das bedeutet, dass mehr Geld in Forschung und Entwicklung gesteckt wird. Diese Entwicklungsaktivitäten führen nicht selten zu weiterer Innovation, die gelegentlich auch wieder in Patentschutz mit einer Bereicherung des Standes der Technik mündet.

Schließlich gibt es noch das Argument Patente sind teuer und bringen nichts. Das trifft natürlich auf alle Patente und Patentanmeldungen zu, die kein Geld verdienen. Ein Patent auf eine Erfindung, die nicht verwertet wird oder deren Verwertung zu wenig Gewinn bringt, ist völlig unwirtschaftlich. Wer also Patente anmeldet, aber die Erfindung weder benutzt noch lizenziert, oder wem das Patent nicht wenigstens als Sperrpatent für eine andere Lösung des Unternehmens dient, sollte diese Patente und Patentanmeldungen nicht weiterverfolgen. Ein Patent sollte nicht aufrechterhalten werden, nur weil bereits recht viel Geld in die Anmeldung und das Prüfungsverfahren investiert wurde. Es ist völlig unerheblich, ob die patentanwaltliche Dienstleistung teuer oder billig ist: Jeder Euro für ein nicht-genutztes Patent ist zu viel.

Patentanwält*innen stehen immer im Verdacht, teuer zu sein, und es stimmt, dass die Stundensätze und Rechnungen hohe Beträge aufweisen. Das liegt nicht nur daran, dass Patentanwält*innen eine besonders lange und schwierige Ausbildung absolviert haben, sondern auch daran, dass sie für ihre Patentanwaltsfachangestellten *mitverdienen*. Ohne um den heißen Brei herumzuschreiben: Die Ausarbeitung einer Patentanmeldung kann gerne einige Tausend Euro kosten. Wer diese Kosten am eigenen Angestellten-Einkommen misst, macht aber einen Fehler. Die Frage ist nicht: *Ist die Patentanwaltsrechnung höher als das, was ich monatlich verdiene?*, sondern sie sollte lauten: *Sind die Kosten für die Patentierung der Erfindung gemessen am Entwicklungsaufwand gerechtfertigt?* Verabschiedet euch von der in der Öffentlichkeit gelegentlich geführten Neid-Debatte[5] und überlegt euch, wie viel einem Anmelder oder einer Anmelderin eine kompetente Beratung und Vertretung in Bezug auf die Erfindung wert ist. Oder kurz: Wer viele Millionen Euro in eine Entwicklung steckt, sollte an den letzten paar Tausend Euro für deren Schutz nicht sparen.

Ein Patent hindert natürlich keine*n Patentinhaber*in daran, Freilizenzen zu erteilen. Eine Erfinderin und Patentinhaberin, die beispielsweise einem Start-up, das die Welt retten möchte, die Nutzung der geschützten Erfindung erlauben möchte, einem Großkonzern, der vermeintlich gegen die Werte des Erfinders oder der Erfinderin verstößt, hingegen verbieten möchte, ist frei, dies zu tun. Nur wer eine Erfindung schützen lässt, hat die Kontrolle. Ohne Patentschutz ist die Erfindung gemeinfrei und kann von jedermann – auch gegen den erklärten Willen der Erfinderin – benutzt werden.

Gelegentlich höre ich in der Beratung: *Auf Geld kommt es mir gar nicht so sehr an. Ich möchte nur, dass die Erfindung verwirklicht wird.* Ich empfehle in diesem Fall: Nimm das Geld, das du mit der Erfindung verdienen kannst. Mit Geld lässt sich auch viel Gutes tun.

Wenn die Sinnfrage der Patentierung in dieser Weise geklärt ist, fällt es einer Erfinderin möglicherweise leichter, ihre Erfindungen als Erfindungsmeldung oder Patentanmeldung einzureichen.

10.3 Angst vor den Kolleg*innen

Das Umfeld ist eine Frage, mit der sich Arbeitgeber*innen auseinandersetzen sollten. Ein Arbeitsplatz kann durchaus zufriedenstellend für eine potenzielle Erfinderin sein und trotzdem ein individuelles Hemmnis verursachen. Es sind Bemerkungen wie *Die Abteilungsleiterin muss mit aufs Patent*, *Wenn wir das anmelden, treten wir unserem Kooperationspartner auf die Füße*, *Patentanmeldungen sind teuer*, *Die Erfindung funktioniert nicht* (gerne mit einem gedachten *Du Spinnerin* hintendran) oder *Die Erfindung steht in Konkurrenz mit unserem eigenen Produkt*, die bei Erfinderinnen den Eindruck erwecken, dass sie für naiv oder nicht kompetent gehalten werden, ihre Erfindungen nicht erwünscht sind und sie sich mit einer Erfindungsmeldung unbeliebt machen.

Auf jede dieser Bemerkungen kann man entsprechend reagieren, wenn überhaupt eine Reaktion erforderlich ist. Kommen die Bemerkungen von Neidern, die auch gerne eine Erfindung machen würden? Werden die Bemerkungen von ansonsten sehr netten und umgänglichen Kolleg*innen unbedacht dahingesagt, ohne sich der Konsequenzen für die Erfinderin bewusst zu sein? Da ist ein dickes Fell hilfreich. Solange die Bemerkungen nicht von der Person kommen, die über die Inanspruchnahme und Verwertung entscheidet, sind sie schlicht nicht relevant und dürfen ignoriert werden. Viele haben einfach keine Ahnung vom Arbeitnehmererfinderrecht. Das sehen wir ihnen gerne nach.

Wichtig ist es, dass Erfinderinnen verstehen, dass sie keine Erlaubnis benötigen, eine Erfindungsmeldung einzureichen. Ganz im Gegenteil: Arbeitnehmerinnen sind gesetzlich zur Erfindungsmeldung verpflichtet. Viele Einwendungen, die gegen eine Patentanmeldung sprechen, mögen zwar berechtigt sein, sind aber nicht Angelegenheit der Erfinderin, sondern des/der Arbeitgeber*in. So sind die Fragen, ob eine Patentanmeldung teuer ist, den Kooperationspartner ärgert oder in Konkurrenz mit dem eigenen Produkt steht, keine Fragen, über welche die Arbeitnehmer-Erfinderin entscheidet. Im Gegenteil. Die Erfinderin darf sich diese Entscheidung gar nicht anmaßen, sondern hat ihre Erfindung einfach nur zu melden. Der Arbeitgeber oder die Arbeitgeberin wird mit einer Erfindungsmeldung erst in die Lage versetzt, eine unternehmensstrategisch sinnvolle Entscheidung zu treffen. Wenn nämlich keine Erfindungsmeldung vorliegt, gibt es auch nichts zu entscheiden. Der/die Arbeitgeber*in kann die Erfindung leicht freigeben, wenn er/sie zu dem Schluss kommt, dass keine Patentanmeldung eingereicht und die Erfindung nicht benutzt werden soll.

Gesetz über Arbeitnehmererfindungen
§ 6 Inanspruchnahme

(1) Der Arbeitgeber kann eine Diensterfindung durch Erklärung gegenüber dem Arbeitnehmer in Anspruch zu nehmen.
(2) Die Inanspruchnahme gilt als erklärt, wenn der Arbeitnehmer die Diensterfindung nicht bis zum Ablauf von vier Monaten nach Eingang der ordnungsgemäßen Meldung (§5 Abs. 2 Satz 1 und 3) gegenüber dem Arbeitnehmer durch Erklärung in Textform freigibt.

Von *vorauseilendem Gehorsam* einer Erfinderin ist folglich dringend abzuraten. Auch wenn die Kosten einer Patentanmeldung ein großes Loch ins Budget eines kleinen Unternehmens reißen könnte: Es ist der/die Unternehmer*in und nicht die Erfinderin, die sich hier Gedanken machen muss. Kopfkino bitte ausschalten!

Die Erfindung funktioniert nicht ist ebenfalls ein Einwand, der gelegentlich vorgebracht wird. Aber wer, wenn nicht die Erfinderin, kann beurteilen, ob die Erfindung funktioniert? Letztlich ist eine pauschale Absage nach dem Motto *Das klappt ja sowieso nicht* (gefolgt von einem gedachten *Du Loser*) wenig fundiert und solange Bedenkenträger nicht inhaltlich nachlegen, sind solche Bemerkungen nichts weiter als unbedacht geäußerte Bedenken und gehören auf den geistigen Friedhof. Sollte jedoch gut begründet auf Problemstellen aufmerksam gemacht werden, die der weiteren Lösung bedürfen, so kann dies in fruchtbare Diskussion münden, die für alle gewinnbringend sein kann. Zur Abgrenzung empfehle ich dennoch, erst die Erfindungsmeldung einzureichen und anschließend mögliche Angriffspunkte zu diskutieren.

In die gleiche Kategorie häufiger Einwendungen gehört die Bemerkung: *Das gibt es doch schon.* Das mag sein, muss aber nicht. Hier lohnt die Rückfrage: Was meinst du damit? Woher kennst du das schon? Hast du eine Quelle, wo ich nachlesen kann, ob das, was du bereits kennst, auch wirklich das ist, was ich erfunden habe? Wer nur unqualifiziert auf einen Artikel in der Bild-Zeitung von letzter Woche verweist, spielt in der gleichen Liga wie die ewig meckernden Freunde aus der *Das klappt ja sowieso nicht*-Combo. Interessierte Kolleg*innen mit einem großen Wissens- und Erfahrungsfundus auf dem Technologiegebiet der Erfindung hingegen werden sich bemühen, den einen oder anderen Artikel, ein altes Patent oder eine Broschüre des Wettberwerbs hervorzuzaubern, und so eine objektive Neuheitsprüfung ermöglichen.

Unabhängig von den immer bestehenden Zweifeln über ihren Wert kann man bei Erfindungen gar nicht groß genug denken. Selbstverständlich gibt es bei der einen oder anderen Idee technische und wirtschaftliche Hürden. Trotzdem sollten solche Hürden die Erfinderin nicht davon abhalten, zumindest eine Erfindungsmeldung abzugeben. Wer weiß? Vielleicht ist genau diese visionäre Idee etwas, worauf die Geschäftsführung gerade gewartet hat? Je nach Erfinderin kann es allerdings auch unerwartet unerwünschte Effekte geben. Gerade visionäre Ideen, Grundlagenerfindungen und disruptive Gedanken sind ihrer Zeit oft weit voraus.

Nicht nur in unserer seit über 70 Jahren bestehenden Kanzlei hat es mehr als ein Patent gegeben, dessen wirtschaftliches Potenzial erst kurz vor oder sogar erst nach Ablauf der maximalen Patentlaufdauer von 20 Jahren erschlossen werden konnte. Bei einigen Ideen musste man auf ergänzende Technologien warten, bei anderen Ideen fehlte der Glaube der Investor*innen. Wieder andere Ideen mussten nach der Entwicklung langwierige Zertifizierungs-, Zulassungs- oder Normierungsverfahren durchlaufen, so dass der wirtschaftliche Erfolg erst kurz vor Ablauf des Patentschutzes eintrat. Manche Erfinder*innen sind ihrer Zeit schlicht voraus. Die Patente für solche Erfindungen werden bei echten Grundlagenerfindungen normalerweise problemlos erteilt, aber die Verwertung lässt dafür umso länger auf sich warten. Es braucht etwas Hartleibigkeit und Erfolgsglauben bei Erfinder*innen, Unternehmen und Investor*innen, bis diese Erfindungen tatsächlich in Serie auf den Markt kommen. Es tröstet, dass andere Erfinder*innen sich durch die Veröffentlichungen derartiger Erfindungen häufig inspirieren lassen und so den technischen Fortschritt befördern.

Ich will gerne ein paar Beispiele nennen: Bereits während meines Studiums Ende der 1980er-Jahre waren neuronale Netze, also künstliche Intelligenz (KI), sehr en vogue. Die grundlegenden Ideen sind sogar noch älter. Trotzdem wurden sie fast nicht wirtschaftlich verwertet. Der Grund: Sowohl die Daten als auch die für große Datenmengen erforderlichen Speicherkapazitäten fehlten. Erst mit der Verfügbarkeit großer Datenspeicher konnte KI ihren Siegeszug antreten. Heute sind keine Bild- oder Spracherkennung und kein Chatbot mehr ohne ein lernendes System denkbar.

Ein anderes Beispiel: In dem im Jahr 1982 angemeldeten Patent DE 32 40 773 C2[6] ließ sich der Erfinder Jürgen Binder eine elektronische Überwachungsvorrichtung für die vom Fahrer eines Kraftfahrzeugs abgeleistete Fahrzeit schützen, bei der eine Codierkarte in ein Lese- und Schreibgerät eingeführt und die zulässige Restfahrzeit zurückgespeichert wird. Der Erfinder machte seine Erfindung, lange bevor Chipkarten allgemein bekannt wurden und lange bevor beispielsweise Telefonhäuschen mit Telefonkartensystemen ausgestattet waren. Das Patent lief im Jahr 2002 aus und erst vier Jahre später regelte die EU-Verordnung 561/2006 die Verwendung derartiger Fahrtenschreiber[7].

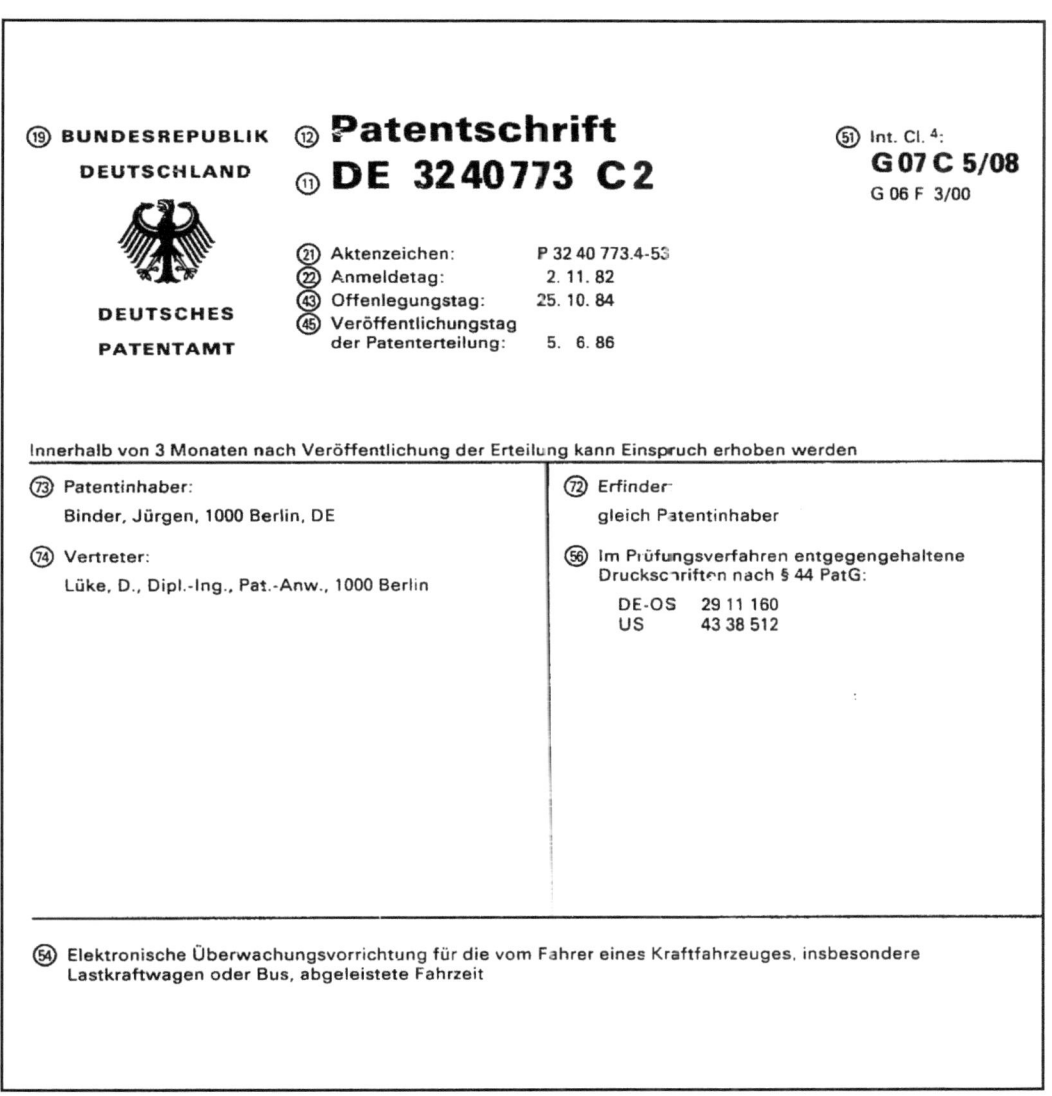

Auch die seit 1970 in einer großen Vielzahl von Patenten geschützten Kupplungen des eifrigen Erfinders Ilie Chivari waren ihrer Zeit weit voraus. Heute laufen diese Kupplungen in jeder modernen Eisenbahn.

Es muss nicht immer *Öl an den Fingern* sein wie bei den beiden obigen Beispielen. Als ich vor etwa einem Vierteljahrhundert Mutter wurde, erfand ich die Bananenbüchse, in der Bananen für den Nachwuchs auf Reisen und Ausflügen so transportiert werden konnten, dass sie nicht braun und unansehnlich wurden. Obwohl ich überlegt hatte, eine Patent- und/oder Designanmeldung einzureichen, hatte ich es jahrelang auf die lange Bank geschoben. Irgendwann sah ich die Büchse genau so, wie ich sie mir vorstellte, im Schaufenster eines wohlbekannten Kaffeeladens, der nicht nur Kaffee verkauft. Hätte ich mal ...

Während die individuellen Gründe ohne Relevanz für Arbeitnehmerinnen sein sollten, sind viele Fragestellungen für diejenigen, die die Patentanmeldung und deren Folgekosten bezahlen sollen, natürlich von großer Relevanz. Einzelerfinderinnen, Start-ups und Unternehmerinnen werden genau hinschauen müssen. Auch hier gilt die wichtigste Regel: Patente sollten nur für solche Erfindungen angemeldet und aufrechterhalten werden, bei denen zumindest erwartet werden kann, dass die Erfindung wirtschaftlich verwertet wird oder das Patent als Sperrpatent fungiert. Sobald sich herausstellt, dass dies nicht der Fall ist, sollte kein Geld in ihren Schutz investiert werden. Vorrichtungen und Verfahren, mit denen kein Geld zu verdienen ist, werden in der Regel auch nicht kopiert.

10.4 Mangelnde Erfahrung

Erfinderinnen sind Wiederholungstäterinnen. Eine Erfinderin, die einmal eine Erfindung erkannt und in Form einer Erfindungsmeldung gemeldet oder als Patent angemeldet hat, hat wichtiges Wissen erworben. Sie weiß nun, wie es sich anfühlt, eine Erfindung gemacht zu haben, wo sie in ihrem Unternehmen oder in ihrer Forschungseinrichtung das Formular für eine Erfindungsmeldung downloaden kann und wohin diese geschickt wird.

Auch in kleineren Unternehmen weiß sie nach dem ersten Mal, an wen sie sich zu wenden hat. Erfahrung mit den geistigen Vorgängen beim Erfinden und den Abläufen hilft sehr bei der nächsten Erfindung.

Manchmal sind es völlig unsinnige Ängste, etwa die Frage, ob sie eine Erlaubnis braucht oder gar etwas bezahlen muss, wenn sie als Arbeitnehmerin eine Erfindungsmeldung einreicht. Bei anderen ist es schlicht die Frage, was zu tun ist, wenn sie glaubt, eine Erfindung gemacht zu haben. Das größte Problem ist es aber, die Erfindung überhaupt zu erkennen.

Die Angst vor dem Ungewissen lässt sich durch Aufklärung beheben. Wer an einer Hochschule beschäftigt ist, wird mit einer Suchmaschine mit dem Stichwort *Patent* und dem Namen der Hochschule schnell fündig. Typischerweise führt dies zu Transfer- oder Patent- und Lizenzstellen, die im Internet zumindest eine*n Ansprechpartner*in und eine Telefonnummer nennen. Viele Hochschulen halten vorgefertigte Formulare für Erfindungsmeldungen bereit. Auch in den großen Unternehmen gibt es häufig eine Seite im Intranet, wo Formulare und Ansprechpartner*innen genannt sind. Die großen Anmelder*innen in Deutschland beschäftigen in ihren Patentabteilungen ein Heer von Patentassessor*innen, die in eigens für Erfinder*innen geschaffenen Sprechstunden, Teambesprechungen und Innovationsrunden dafür sorgen, dass die Innovationen des Unternehmens wirklich geschützt werden.

In mittelständischen Unternehmen ist die Situation eine andere. Im besten Fall wurden im Unternehmen bereits Patentanmeldungen getätigt und es gibt jemanden, der/die zumindest weiß, welche Patentanwaltskanzlei das Unternehmen vertritt. Nicht selten ist dieses Wissen bei der Geschäftsführung angesiedelt. Es gibt aber sehr viele Unternehmen, in denen nicht einmal die Geschäftsführung so richtig weiß, *wie das mit Patenten funktioniert*. Ich bin in der Vergangenheit auf die sonderbarsten Vorstellungen von durchaus erfolgreichen Unternehmer*innen und Entwickler*innen gestoßen und wenn es nicht so wichtig wäre, könnte man über diese Vorstellungen lachen.

Ich habe viel Verständnis für den Irrtum, der die Ausbildung von Patentanwält*innen betrifft. *Anwält*in* klingt nach Jurastudium und ich erlebe regelmäßig staunende Gesichter, wenn ich aufkläre, dass wir Naturwissenschaftler*innen oder Ingenieur*innen sind. Es gibt aber auch Menschen, die glauben, man könne neue

Ideen beim Notar hinterlegen. Ich hatte eine Beratung, wo der Erfinder dachte, er würde Geld dafür bekommen, dass ich seine Erfindung zum Patent anmelde, weil die Gesellschaft ja davon profitiert. Ein weitverbreiteter Irrtum ist: *Wenn man nichts erfunden hat, dann kommt man mit einem Gebrauchsmuster weiter.* In Unternehmen, die viel im Bereich IT unterwegs sind, glauben viele fälschlicherweise, dass der *Urheberschutz* ja völlig ausreicht und ein Patent nicht erforderlich ist.

Schwierig wird es, wenn ich in einer Beratung über die finanziellen Aspekte einer patentanwaltlichen Tätigkeit aufkläre, denn fleißige Bienchen googeln gerne auch einmal nach den Kosten einer Patentanmeldung und stoßen im Internet auf die Amtsgebühren in Höhe von 40 Euro. Sie vergessen dabei, dass das Teure an einer professionell vertretenen Patentanmeldung meine Dienstleistung ist. Der Installateur berechnet ja auch nicht nur das Material. Selbst Profis sind vor Fehleinschätzungen nicht gefeit: Ein Rechtsanwalt bietet seine Dienstleistung mit Preisen im Internet an und will für *Internationalen Patentschutz* lediglich 2 000 Euro berechnen. Er hat wohl vergessen, dass eine internationale Patentanmeldung nach dem PCT-Vertrag nie erteilt, sondern immer nur nationalisiert wird und internationaler Patentschutz bereits einige Zehntausend Euro kostet, wenn man nur in den wichtigsten Industrieländern patentiert.

Selbst solchen Unternehmer*innen, die patentanwaltlich vertreten sind und eine oder mehrere Patentanmeldungen und Patente ihr Eigentum nennen, sind die Feinheiten des Arbeitnehmererfinderrechts häufig fremd. Während hemdsärmelige Start-ups sich gerne darauf berufen, dass alle eine große Familie sind und es auf schnödes Geld, wie die Arbeitnehmererfindervergütung, nicht ankommt, werden Investor*innen und Käufer gelegentlich ungemütlich, wenn sie beim Exit feststellen, dass da noch eine Rechnung offen ist und Arbeitnehmererfinder*innen Forderungen in beträchtlicher Höhe geltend machen können. Das beliebteste Missverständnis unter Arbeitsrechtler*innen: Sie glauben, dass sie Ansprüche aus dem Arbeitnehmererfinderrecht vertraglich regeln können.

> **Gesetz über Arbeitnehmererfindungen**
> **§ 22 Unabdingbarkeit**
>
> Die Vorschriften dieses Gesetzes können zuungunsten des Arbeitnehmers nicht abgedungen werden. Zulässig sind jedoch Vereinbarungen über Diensterfindungen nach ihrer Meldung, über freie Erfindungen und technische Verbesserungsvorschläge (§ 20 Abs. 1) nach ihrer Mitteilung.

Sorry, liebe Rechtsanwält*innen: Die Vorschriften des Arbeitnehmererfindergesetzes können zuungunsten des Arbeitnehmers nicht abgedungen werden. Zulässig sind nur Vereinbarungen über Diensterfindungen nach ihrer Meldung[8].

Diese Ausführungen spiegeln nur einen kleinen Teil der Gerüchteküche wieder, die am Stammtisch und im Internet fleißig kocht. Und wer dieses Büchlein liest, ist ja jetzt eines Besseren belehrt. Meine Vermutung, dass eine Erfinderin in spe wenigstens einem Teil dieser Gerüchte ausgesetzt war, dürfte nicht ganz unberechtigt sein.

Ich will hier einige Hinweise geben, wie eine Entwicklerin oder Forscherin dennoch Erfahrungen sammeln kann, auch ohne *richtige* Erfindung. Ich muss nicht extra betonen, dass eine Erfinderin keine Erlaubnis benötigt und als Arbeitnehmerin keine Kosten und kein Risiko hat. Es muss auch nichts zurückbezahlt werden, wenn die Erfindung vom Arbeitgeber freigegeben wird. Einziges *Risiko*: Die Erfinderin wird in den Patentveröffentlichungen genannt und ist auch in hundert Jahren noch als Erfinderin zu erkennen. Wer das nicht möchte, kann beantragen, nicht als Erfinderin genannt zu werden.

---

1   https://wiki.piratenpartei.de/Bundestagswahl_2021/Wahlprogramm#Patente_und_Markenrecht
2   § 1 PatG https://www.gesetze-im-internet.de/patg/__1.html
3   https://www.heise.de/thema/Patente
4   Das gilt nicht für private Nutzung und im Rahmen des „Hochschulprivilegs" im Rahmen des §11 PatG.
5   Nele Husmann, Wirtschaftswoche Juni 22:
https://www.wiwo.de/my/unternehmen/dienstleister/top-anwalt-marcus-grosch-er-profitiertwenn-apple-und-nokia-vor-deutschen-gerichten-streiten/28411324.html
6   https://depatisnet.dpma.de/DepatisNet/depatisnet?action=pdf&docid=DE000003240773C2&xxxfull=1
7   https://www.youtube.com/watch?v=5WE-1teTRlc
8   § 22 ArbErfG https://www.gesetze-im-internet.de/arbnerfg/__22.html

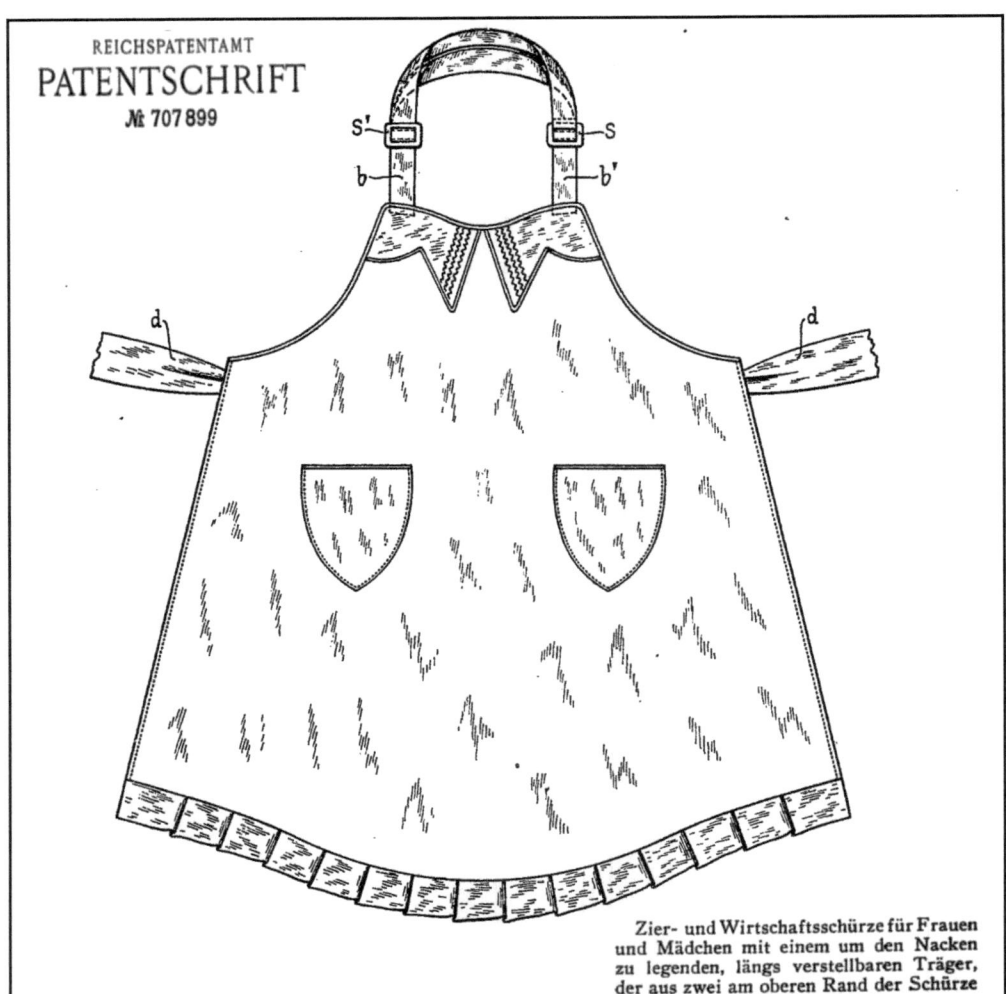

11 Papa, ich habe eine Erfindung gemacht

Es bleiben immer noch zwei wichtige Fragen: *Woran erkennt man eine Erfindung?* und: *Was mache ich, wenn ich eine Erfindung gemacht habe?* Hier geht es noch einmal um die Praxis. Wie lese ich eine Patentveröffentlichung und wo finde ich die überhaupt?

Viele Vorträge beschäftigen sich mit der Patentierung von Erfindungen und klären die Frage, was eine Erfindung eigentlich ist und woran man sie erkennt, gar nicht oder nur in einem Nebensatz, in dem auf die formalen, gesetzlichen Definitionen hingewiesen wird.

Viel einfacher ist es, sich anzuschauen, was in der Vergangenheit bereits patentiert oder wenigstens zum Patent angemeldet wurde. Erfinderinnen, die Patentveröffentlichungen aus ihrem eigenen Fachgebiet lesen, werden ein Gefühl dafür bekommen, welche Anforderungen an die *erfinderische Tätigkeit* gestellt werden. Das ist wichtig, denn gerade bei Erfinderinnen wird die Messlatte häufig zu hoch gelegt. Es muss nicht immer eine disruptive Innovation sein, die als Erfindung zum Patent angemeldet wird. Häufig reichen pfiffige kleine Lösungen, Tricks und Hacks, die das Leben leichter, besser oder billiger machen.

Ich könnte jetzt hier allerlei Patentveröffentlichungen aufführen und anhand von Beispielen darlegen, wieso nicht nur ich, sondern auch der Prüfer oder die Prüferin im Patentamt der Ansicht sind, dass eine Erfindung schutzfähig ist. Blöderweise gibt es viele Erfinderinnen, die diese Frage im Bereich Atomabsorptionsspektroskopie oder Wasseraufbereitung gar nicht beurteilen können, weil sie nicht in diesen Technologiebereichen arbeiten. Auch vermeintlich einfache Beispiele aus dem Bereich des täglichen Lebens sind nicht immer hilfreich, weil die Erfinderinnen den Stand der Technik möglicherweise nicht richtig einschätzen können.

Am besten schaut man sich Patentveröffentlichungen im eigenen Technologiebereich an. Die Patentveröffentlichungen sind in kostenlosen Datenbanken der Patentämter vollständig verfügbar. Die Datenbank des Europäischen Patentamts heißt *Espacenet*[1]. Die Datenbank des Deutschen Patent- und Markenamts heißt *DEPATISnet* und ist über einen Quicklink gleich auf der Startseite www.dpma.de erreichbar. Es wird unter anderem eine *Basisrecherche*[2] und eine *Expertenrecherche*[3] angeboten. Je nach Technologiegebiet reicht die Basisrecherche für einen ersten Eindruck aus.

Als Erstes lohnt es sich zu schauen, welche Patente das eigene Unternehmen angemeldet hat. Hierzu gibt man die Unternehmensbezeichnung im Feld *Anmelder/Inhaber/Erfinder* ein und schaut sich die Trefferliste an. In der Trefferlistenkonfiguration lässt sich einstellen, dass Anmeldedatum, Erfinder und Titel angezeigt werden, so dass man genau sehen kann, wer wann was angemeldet hat. Auch eine erste Zeichnung kann man sich anzeigen lassen.

Wer nicht bei einem Mittelständler oder kleineren Betrieb, sondern bei einer der großen Anmelderinnen, etwa Siemens oder einem Automobilkonzern, tätig ist, wird so viele Treffer in der Trefferliste erhalten, dass diese nicht alle angezeigt werden können. Dann hilft ein aussagekräftiges Stichwort im Feld *Suche im Volltext*. Die Kombination mit einem Stichwort *Atomabsorptionsspektroskopie* reduziert selbst die vielen Tausend Treffer der Anmelderin *Siemens* auf eine Trefferliste mit zwölf Veröffentlichungen. Zumindest für alle deutschen und europäischen Treffer sind sowohl die erste Seite als auch das Volldokument mit Ansprüchen, Beschreibung und Zeichnungen in Form eines PDF-Dokuments verfügbar.

Erfahrungsgemäß fragen sich viele Menschen, die das erste Mal Patentveröffentlichungen lesen, wie es sein kann, dass *man sich so etwas schützen lassen kann*. Das sei doch alles schon bekannt und überhaupt, wenn noch nicht bekannt, dann zumindest trivial. Hier gilt es genauer hinzuschauen: Nicht alles, was in einer Patentveröffentlichung beschrieben ist, ist auch geschützt. Große Teile der Beschreibung dienen lediglich dazu, die beanspruchte Erfindung verständlich zu machen. Man darf nicht vergessen: In einer Jury in den USA entscheiden Laien darüber, ob ein Patent rechtsbeständig und verletzt ist oder nicht. Hier in Deutschland sind die Verletzungsrichter*innen Jurist*innen, die zumindest formal keine technische Ausbildung vorweisen müssen.

Das Lesen einer Patentveröffentlichung ist nicht ganz einfach. Wer einer Patentanwältin dabei zuschaut, wie sie beim Erstkontakt mit Patentschriften umgeht, wird sich wundern. Auf der Titelseite steht, wer wann erfunden und angemeldet hat und dann wird heruntergescrollt oder geblättert. Im wichtigen Anspruch 1 steht nämlich, was unter Schutz gestellt wird. Häufig kann Entwarnung gegeben werden: Es sollen keine Atomabsorptionsspektrometer als Ganzes geschützt werden. Diese sind seit Langem bekannt und in der Tat nicht mehr schutzfähig. Stattdessen definiert Anspruch 1, dass lediglich eine optische Anordnung innerhalb eines Atomabsorptionsspektrometers geschützt werden soll, bei welcher der Kollimatorspiegel eine gegenüber dem Stand der Technik veränderte Krümmung aufweist und an einer gegenüber bekannten Spiegeln leicht veränderten Stelle steht, weil dies eine bessere Auflösung verspricht. Oder was auch immer in Patenten anderer Technologiegebiete gerade spannend ist. Es sind also nur solche Anordnungen oder Verfahren geschützt, die alle Merkmale dieses Anspruchs zeigen, auch wenn einzelne Merkmale bereits bekannt sind.

Erfinderinnen in spe, die sich in ihrem eigenen Technologiegebiet auskennen, werden auch die Koryphäen kennen, die in wissenschaftlichen Journals, auf Kongressen und Tagungen veröffentlichen und das Technologie- und Wissenschaftsgebiet vorwärtsbringen. Die Namen dieser Koryphäen lassen sich selbstverständlich ebenfalls recherchieren. Ähnlich wie bei Siemens ist es bei häufig vorkommenden Namen – Thomas Müller[4] zum Beispiel – natürlich nicht ganz einfach, den Richtigen oder die Richtige herauszufinden. Die zusätzliche Eingabe des Ortsnamens oder eines Stichworts kann helfen. Bei der Namensrecherche kann es sehr lohnenswert sein, die eigenen Labornachbarn zu recherchieren. Deren Patentveröffentlichungen geben einen guten Einblick in die Patentaktivitäten nicht nur des Unternehmens oder Forschungsinstituts, sondern sogar der eigenen Abteilung.

Wer die Patentliteratur studiert, erhält einen ersten Eindruck über das Wesen von Erfindungen. Nicht alles, was angemeldet und veröffentlicht ist, führt am Ende auch zur Patentierung. Manch eine Patentanmeldung wird zurückgewiesen oder vor der Durchführung eines Prüfungsverfahrens fallengelassen. Die Recherche kann aber ein gutes Gefühl dafür vermitteln, was Erfindungen sind und welche Anforderungen an die erfinderische Tätigkeit gestellt werden.

Positiv bei einer Recherche ist ferner der Lerneffekt. Auf der Welt gibt es auch andere kluge Leute, die sich Dinge ausdenken, von denen wir nicht einmal träumen. Nicht alle Erfindungen, die diese Leute in der Vergangenheit zum Patent angemeldet haben, sind tatsächlich auf den Markt gelangt. Die Versuche und Fehlversuche anderer Erfinder*innen bewirken zusätzliche Erkenntnisse bei jeder Recherche und vermeiden, dass Fehler oder Lösungen, die in eine Sackgasse führen, wiederholt werden.

11.1 Recht und Gesetz

Auch wer jetzt ein gutes Gefühl hat, was man so alles zum Patent anmelden kann, wird mit den Ideen nicht bei jedem Prüfer und jeder Prüferin auf Gegenliebe stoßen und problemlos Patente mit großem Schutzumfang erlangen. Die Prüfer*innen – davon gibt es im Deutschen Patent- und Markenamt immerhin über tausend – sind an Recht und Gesetz gebunden und müssen die gesetzlichen Vorgaben bei der Beurteilung der Patentfähigkeit einhalten. Ich hatte oben bereits ausgeführt, dass Patente nur für Erfindungen auf allen Gebieten der Technik erteilt werden, wenn sie neu sind, auf einer erfinderischen Tätigkeit beruhen und gewerblich anwendbar sind[5]. Letzteres ist nur eine geringe Hürde: Patente werden normalerweise immer nur dann angemeldet, wenn sie das Potenzial haben, Geld zu verdienen.

Über Neuheit wird ebenfalls eher wenig gestritten, denn mangelnde Neuheit liegt nur dann vor, wenn der Stand der Technik, also irgendeine Veröffentlichung von irgendwo auf der Welt, die vor dem Anmeldetag der Erfindung erfolgt ist, die beanspruchte Erfindung genau so zeigt. Meistens gibt es aber einen kleinen Unterschied zwischen der aktuellen Erfindung und dem, was da schon veröffentlicht wurde. Einzige Ausnahme, die häufig auftritt: Die Erfinderin hat die Veröffentlichung selbst getätigt. Dann ist natürlich die Erfindung genau das, was auch veröffentlicht ist.[6]

Die häufigsten Kontroversen entbrennen bei der Frage nach der erfinderischen Tätigkeit. Zugegeben: Patentanwält*innen beanspruchen immer erst einmal ein bisschen mehr, als die Erfindung hergibt. Sie wollen verhindern, dass am Ende ein zu sehr beschränktes Patent mit zu geringem Schutzumfang erteilt wird. Allerdings sind Prüfer*innen auch nicht immer geneigt, das Patent zu erteilen, wenn der Anspruch an den entgegengehaltenen Stand der Technik angepasst wurde. Dann braucht es weiteres Hin und Her im schriftlichen Verfahren, eine Anhörung, eine mündliche Verhandlung oder gar ein Beschwerdeverfahren, bis das Patent erteilt wird.

Gesetzlich vorgesehen ist, dass eine Erfindung als auf einer erfinderischen Tätigkeit beruhend gilt, wenn sie sich für den Fachmann nicht in naheliegender Weise aus dem Stand der Technik ergibt[7]. Das ist der gleiche Fachmann, den wir schon oben angesprochen hatten. Die gesetzliche Formulierung hilft den Entwicklerinnen und Forscherinnen vor Ort im Labor wenig. Was soll denn *in naheliegender Weise* bedeuten? Wichtige Leute haben dicke Kommentare mit Rechtssprechung zu diesem Thema verfasst. Nur mit einiger Erfahrung lässt sich abschließend einschätzen, was naheliegend ist und was nicht.

11.2 Surprise

Eine ganz grobe Faustregel hat sich in der Praxis bewährt: Wenn eine Erfindung in einer einzigen Veröffentlichung zwar beschrieben ist, aber einige der beanspruchten Merkmale nicht, und wenn genau diese Merkmale in einer anderen Veröffentlichung beschrieben sind, die aus dem gleichen Technologiegebiet stammt, dann kann man diese Veröffentlichungen kombinieren und damit das Naheliegen der Erfindung belegen.

Es ist also nicht erfinderisch, eine aus einer Veröffentlichung bekannte Maßnahme an einer aus einer anderen Veröffentlichung bekannten Vorrichtung durchzuführen. Merkmale, die zum allgemeinen Fachwissen gehören, werden dabei nicht berücksichtigt, denn die kennt die fachkundige Person ja sowieso. Bei der Beurteilung der erfinderischen Tätigkeit geht es immer auch um die Frage, ob das, was man da macht, irgendwie vorhersehbar war. Überraschungen sind also das sicherste Anzeichen für eine erfinderische Tätigkeit. Was überraschend ist, ist keinesfalls vorhersehbar und damit erfinderisch. In meinen Patentanmeldungen liest sich das so: *Überraschenderweise hat sich herausgestellt, dass beim Ergreifen dieser oder jener Maßnahme übermäßig tolle Vorteile erreicht werden.*

Wenn ich die Merkmale eines Patentanspruchs nur zusammenbekomme, wenn mehr als zwei Veröffentlichungen hinzugezogen werden, wird zumindest beim Deutschen und Europäischen Patentamt das Vorliegen einer erfinderischen Tätigkeit bejaht. Denn die Wahrscheinlichkeit, dass die fachkundige Person genau diese drei oder mehr Druckschriften zusammensammelt, sich daraus genau diese Merkmale heraussucht und genau das macht, was beansprucht ist, ist eher gering. Dann liegt vermutlich eine Erfindung vor. Häufig ist auch das eine oder andere Merkmal überhaupt noch nicht bekannt. Das ist der bestmögliche Fall.

Missverständnisse betreffen gelegentlich die Natur der Erfindung: Gute Erfindungen sind einfach und nicht kompliziert. Das ist wie bei der Lösung von Mathematikaufgaben: Wenn am Ende null, eins oder Pi herauskommt, dann kann man vermuten, dass die Lösung richtig ist. Wenn hingegen 5,765324 herauskommt, sollte man noch einmal rechnen und schauen, ob irgendwo ein Minuszeichen verlorengegangen ist.

Im Prüfungsverfahren wird oft argumentiert, dass *der Fachmann* immer versucht, eine Anordnung zu vereinfachen und dass er deshalb leicht auf die Erfindung kommen könnte. Man muss sich dann allerdings fragen, wieso Generationen von Fachleuten vorher so viel Geld in komplizierte Mechanismen gesteckt haben. Eine einfache Lösung ist also gerne ein Indiz für Schutzfähigkeit und nicht für einen Mangel an erfinderischer Tätigkeit.

Nicht immer werden Patentanwält*innen und Prüfer*innen sich einig. Das kann man an der Anzahl der Beschwerdeverfahren erkennen. Viele Erkenntnisse aus solchen Beschwerdenverfahren werden in Kommentaren zum Patentrecht auch als *Beweisanzeichen* zusammengefasst. Beweisanzeichen können auf eine Erfindung hindeuten.

11.3 Quod erat demonstrandum

Es gibt eine Vielzahl von Beweisanzeichen, die in den Kommentaren[8] recht ausführlich diskutiert werden. Dazu gehören unter anderem neben dem oben erwähnten Überraschungseffekt:

- Synergie-Effekt
- Kostenersparnis
- Weniger Arbeitskraft, Materialersparnis etc.
- Schnellere Einrichtung, Justage, Aufbau etc.
- Aufbau, Justage und Betrieb ist einfacher und erfordert weniger qualifiziertes Personal
- Bessere Performance
- Geringere Abmessungen einer Anordnung
- Überwindung eines technischen Vorurteils
- Lösung eines lange existierenden Problems
- Lösung eines neuen Problems

Erkennbar ist: Immer wenn etwas einfacher wird oder die Leistungsfähigkeit, der Preis oder die Qualität verbessert werden, dann sollte man zumindest einmal darüber nachdenken, eine Patentanwältin hinzuzuziehen. Wenn in einem Unternehmen Geld gespart werden soll, dann kommen viele Unternehmer*innen auf Ideen, die uns wenig gefallen: Der Produktionsstandort wird in Billiglohnländer verlegt, das Weihnachtsgeld wird gekürzt oder alle müssen mehr in weniger Zeit schaffen. Kluge Ingenieur*innen überlegen sich hingegen, an welchen Stellen ein Gerät besonders viel kostet. Das können Abmessungen und Gewicht sein, die Transport und Lagerung verteuern. Das können besonders schwierig zu handhabende Komponenten sein, die Reinräume, spezielle Hygiene, teure Gerätschaften, besondere Reinigung oder einen hohen Verbrauch an Einwegmaterialien erfordern. Auch ein hoher Personalaufwand bei Einrichtung, Justage, Bedienung und Verarbeitung von Produkten kann ein Produkt verteuern. Wer hier technische Lösungen findet, die ein Produkt wirtschaftlicher machen, seine Qualität verbessern oder eine bessere Performance bewirken, ist vermutlich erfinderisch tätig.

Manche Erfindungen sind nicht so leicht zu erkennen. Grundsätzlich ist die einfache Digitalisierung oder Automatisierung von Prozessen nicht schutzfähig. Warum auch? Es gibt aber Prozesse, die so, wie sie sind, nicht einfach zu automatisieren sind. Eine Maßnahme, die die Automatisierung erst ermöglicht, ist dann möglicherweise schutzfähig.

Auch eine Materialänderung ist für sich genommen noch keine Erfindung. Es gibt aber Produkte, bei denen eine Materialänderung schwierig ist. Bei Trinkwasserarmaturen muss aufgrund der hohen Drücke beispielsweise in der Regel teures, hochdruckfestes Messing oder Rotguss eingesetzt werden. Wer die Armatur in einer Weise verändert, dass auch weniger druckfester Kunststoff eingesetzt werden kann, der deutlich kostengünstiger ist, könnte diese verändernde Maßnahme, die dies ermöglicht, als Erfindung schützen lassen. Ich bin mir sicher, dass neue Batterien und Akkumulatoren, die auf Cobalt und Lithium verzichten können, ebenfalls schutzfähig sind.

Bei einem anderen Beispiel ging es um ein Werkstück aus Metall, das durch heißes Formen und anschließendes Aushärten hergestellt wird. Das Werkstück hat eine begrenzte Lebensdauer. Der Erfinder hat herausgefunden, dass der Grund für diese begrenzte Lebensdauer an Mikrorissen im Material liegt. Ein Verfahren, bei dem die Herstellung ohne derartige Mikrorisse gelingt, ist patentfähig.

11.4 Doch keine Erfindung

Es gibt Erkenntnisse und Innovationen, die mit Absicht nicht monopolisiert werden sollen und daher nicht als Erfindungen angesehen werden[9]. Dazu gehören zunächst einmal Entdeckungen und wissenschaftliche Theorien. Wer etwas entdeckt, das schon immer da war, hat zunächst einmal nichts Neues geschaffen. Die von Albert Einstein in seiner allgemeinen Relativitätstheorie vorhergesagten Gravitationswellen sind also eine Entdeckung, die nicht schutzfähig ist. Albert Einstein hätte für seine Relativitätstheorie kein Patent erteilt bekommen. Das trifft aber nur für Gravitationswellen als solche zu. Geräte zu deren Messung können hingegen sehr wohl schutzfähig sein.

Auch mathematische Methoden sind als solche nicht schutzfähig. Wenn sie jedoch Teil eines technischen Verfahrens sind, das einen technischen Effekt hat, etwa ein Kompressionsalgorithmus, mit dem der Speicherplatzbedarf einer Datei reduziert werden kann, dann können auch mathematische Methoden als Teil dieses Verfahrens schutzfähig sein.

Auch Pläne, Regeln und Verfahren für (rein) gedankliche Tätigkeiten, etwa Gebrauchsanweisungen oder Lehrmethoden, sind vom Patentschutz ausgenommen. Das Gleiche gilt für Spiele. Die Gesetzgeber waren bei der Schaffung dieses Gesetzes der Ansicht, dass Spiele durch das Urheberrecht und gegegebenefalls durch Design- und Markenschutz hinreichend geschützt werden können.

Während die Ausnahmen von Entdeckungen, gedanklichen Tätigkeiten und Spielen allgemein anerkannt sind und in der Regel wenig Schwierigkeiten bereiten, gilt dies nicht für Geschäftsmethoden und Programme für Datenverarbeitungsanlagen. Die Open-Source-Bewegung hat bekommen, was sie wollte: Software als solche ist nicht schutzfähig. Egal wie innovativ die Geschäftsidee und die zugehörige Software sind und egal ob mit der Software die Welt gerettet wird: Solange sich das, was an innovativen Ideen geschaffen wurde, auf reine Software auf einem herkömmlichen Computer beschränkt, wird kein Patent erteilt. Das ist – entgegen anderslautenden Gerüchten – mittlerweile auch in den USA so.

Trotz Ausnahmetatbestand kann Software gelegentlich geschützt werden. Wenn die Software nämlich eine technische Aufgabe löst oder einen technischen Effekt bewirkt, dann kann sie durchaus schutzfähig sein. Beispielsweise kann eine Steuerungssoftware für eine Waschmaschine, mit der besonders wenig Wasser verbraucht wird oder besonders saubere Wäsche erhalten wird, schutzfähig sein. Der geringe Wasserverbrauch oder das bessere Waschergebnis sind als technische Effekte zu werten, die eine Patenterteilung ermöglichen. Für den Laien ist einfach zu merken: Software ist schutzfähig, wenn sie in Verbindung mit einem technischen Gerät oder technischen Verfahren geschützt werden soll.

Neben den Ausnahmetatbeständen werden auch keine Patente für alle möglichen anderen Sachen erteilt, etwa Pflanzensorten und Tierrassen, Verfahren zur chirurgischen oder therapeutischen Behandlung und Diagnostizierverfahren. Pharmazeutika sind natürlich schutzfähig – wer würde schon Milliarden Euro in die Entwicklung von Medikamenten stecken, wenn die Generika-Hersteller diese Medikamente ohne diese Entwicklung einfach abkupfern könnten?

---

1 https://worldwide.espacenet.com/
2 https://depatisnet.dpma.de/DepatisNet/depatisnet?action=basis
3 https://depatisnet.dpma.de/DepatisNet/depatisnet?action=experte
4 Sorry, liebe Thomasse, aber Ihr habt den beliebtesten Namen – das wisst ihr selber. Der heilige Thomas war aber auch ein cooler Typ und Müller früher wichtige Leute – deshalb gibt es so viele.
5 https://www.gesetze-im-internet.de/patg/__1.html
6 Wir erinnern uns an Regel 1: Erst anmelden, dann quatschen.
7 https://www.gesetze-im-internet.de/patg/__4.html Sorry, der Fachmann als Maß der Dinge ist Gesetzeswortlaut. Frauen sind „mitgemeint".
8 Schulte „Patentgesetz mit EPÜ - Kommentar", erschienen in der Serie Heymanns Taschenkommentare (ist teuer und passt leider auch nicht mehr in eine Tasche) des Carl Heymanns Verlag.
9 https://www.gesetze-im-internet.de/patg/__1.html

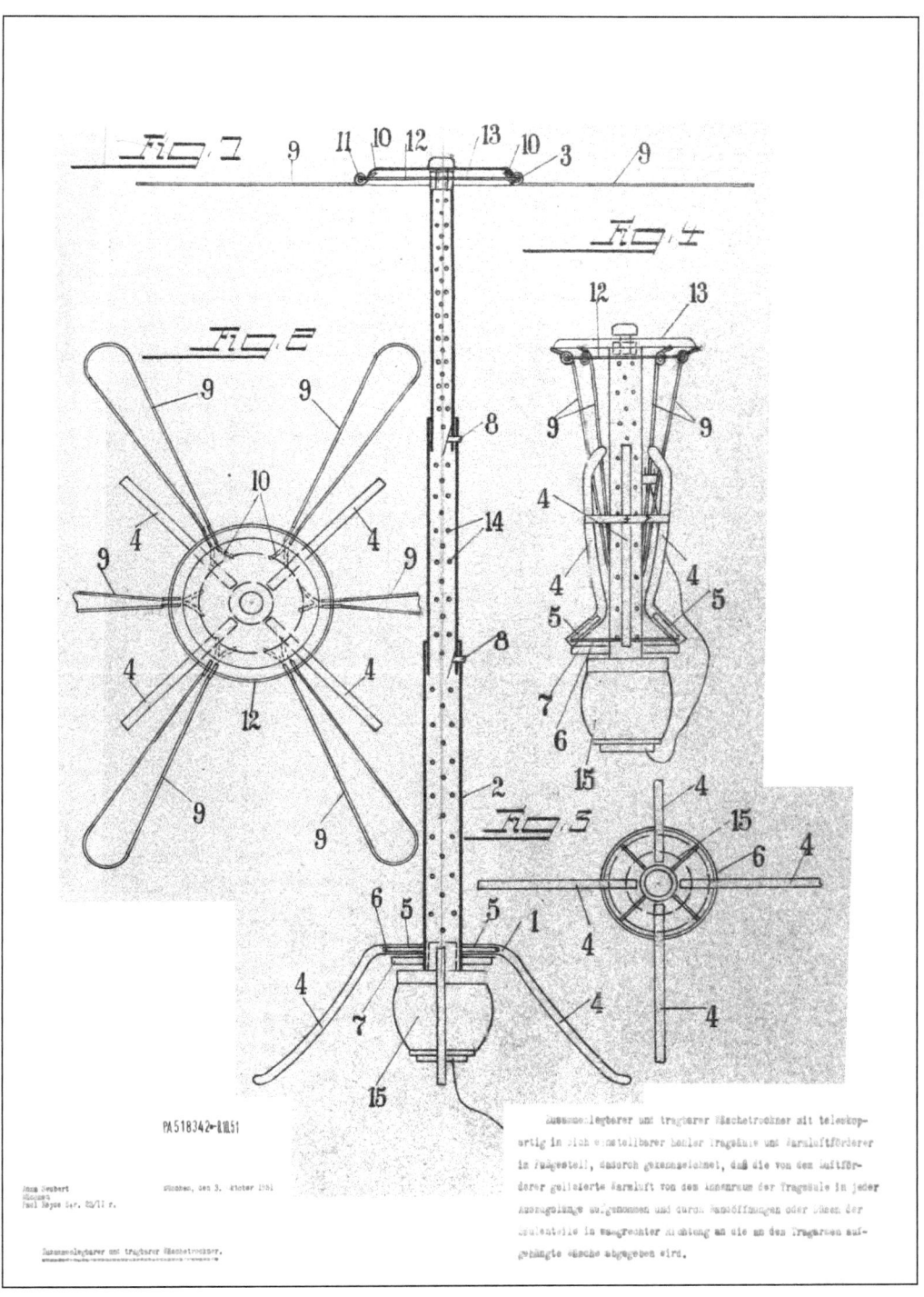

12 Der Test: Bist du eine Erfinderin?

Und jetzt? Wie wird frau Erfinderin? Schauen wir mal ... Wer Freude an Selbsttests hat, wird hier fündig. Mit einem Augenzwinkern.

Als Teenager hatte ich immer große Freude daran, Tests auszufüllen. Jugend- und Frauenzeitschriften waren damals voll mit derartigen Tests, bei denen man je nach Antwort viele oder wenige Punkte bekam und das Ergebnis, etwa die Summe aller Punkte, am Ende verschiedenen Kategorien zuordnen konnte. Bin ich modebewusst? Ernähre ich mich gesund? Werde ich Karriere machen? Habe ich Geschmack? Und andere Themen, die sonst noch in Schubladen einordnen, wenn man es denn wollte. Für die Antwort musste man die Zeitschrift entweder auf dem Kopf lesen oder zum Ende blättern. Im Grunde ging es immer um eines: Gelingt es den Autor*innen, die Fragen so zu stellen, dass ich mich am Ende in den Antworten wiederfinde, oder kann ich genüsslich quieken, weil das Ergebnis vermeintlich gar nicht passt?

Für Erfinderinnen habe ich hiermit den passenden Test geschaffen. Bitte die Fragen und deren Antworten nicht zu ernst nehmen, aber am Ende ...
Los gehts:

Was arbeitest du gerade?

Bei dieser Frage geht es nicht darum, ob du gerade den Haushalt machst oder deinen Lebensunterhalt in einem Hilfsjob verdienst. Mit *Arbeit* meine ich: Welche Tätigkeit verrichtest du im Labor? Was ist die Aufgabe deiner Master- oder Doktorarbeit? Welche (Gedanken-)Experimente führst du gerade aus? Was treibt dich um? Welches (technische) Problem raubt dir den Schlaf? Was erzählst du deinen

Kolleg*innen über deinen Arbeitstag? Welche Erwartungen hegt dein*e Chefin/Laborleiter*in/Abteilungsleiter*in/Professor*in? Welche Ergebnisse wirst du im besten Fall erhalten? Was hältst du von diesen Ergebnissen? Könntest du etwas besser machen, wenn du andere Möglichkeiten hättest, etwa mehr Zeit oder bessere Ausstattung? Was würde dann dabei herauskommen?

Vielleicht wirst du bei einer oder mehreren dieser Fragen einhaken und denken, dass du tatsächlich echte geistige Leistungen vollbringst und geistiges Eigentum schaffst. Wenn nicht: Beantworte dir die Frage trotzdem. Vielleicht kommt dabei heraus: Ich stehe den ganzen Tag am Fließband und montiere Leuchtmittel in Scheinwerfer für Kraftfahrzeuge. Das ist nicht ehrrührig. Ganz im Gegenteil. Ohne Scheinwerfer könnte keine*r mit dem Bus fahren.

Bist du die Erste, die tut, was du gerade tust?

Das ist leicht zu beantworten, wenn du die Spülmaschine einräumst. Wirklich? Schauen wir genauer hin: Ich denke, du bist die Erste, die tut, was du gerade tust, denn noch nie hat jemand die Spülmaschine auf genau diese Weise eingeräumt. Heute ist nämlich die blaue Tasse nicht dabei, die gestern schon gespült wurde, dafür der rote Teller, von dem der Kuchen gegessen wurde. Es ist eine einzigartige und neue Tätigkeit, die du ausführst, denn die Spülmaschine wurde noch nie mit genau diesen Teilen und in genau dieser Anordnung bestückt. Deine Tätigkeit ist auf jeden Fall neu.

Dies ist selbstverständlich nur ein Beispiel, aber auch im Labor sollte man die eigenen Tätigkeiten nicht unterschätzen. Gerade bei Forschungs- und Entwicklungsarbeiten wird viel ausprobiert, recherchiert, verworfen und diskutiert, um die brauchbarsten Ergebnisse am Ende niederzuschreiben. Nicht alles ist gleich Nobelpreis-verdächtig, aber manch eine Überlegung ist neu und pfiffig, ohne dass man gemerkt hat, dass man etwas Neuem und Pfiffigen auf der Spur ist, weil man schon so lange an dem Thema arbeitet. Jeder minikleine Rückschlag und jeder minikleine Erfolg führt zu einer minikleinen Erkenntnis. Diese kleinen Erkenntnisse bergen in der Summe am Ende eine schöne Innovation.

Wie findest du heraus, ob du die Erste bist, die tut, was du da halt gerade tust? Recherchieren! Wenn ich die Scheinwerfer immer in genau der Weise montiere, wie dies im Montage-Handbuch vorgeschrieben ist: bad luck. Hier wirst du nicht die Erste sein.

Wenn du aber die Erste bist, die mit dem neuen Messgerät, das gerade für die Einrichtung beschafft wurde, an einer Probe misst, dann kann es sehr gut sein, dass du wirklich die Erste bist, die tut, was sie gerade tut. Im Labor wird sich niemand finden, der die Tätigkeit vorher ausgeführt hat, denn das Gerät ist ja völlig neu. Vielleicht woanders? Jetzt heißt es: Ab in die Bibliothek und schauen, wer solche Messgeräte schon verwendet hat und ob der- oder diejenige genau diese Probe bereits untersucht hat.

Außerdem kann man in der Patentliteratur schauen[1]. Auch dort finden sich viele Druckschriften, in denen steht, wer wann was gemacht hat. Häufig tritt der Fall auf, dass alle etwas sehr Ähnliches, aber niemand genau das Gleiche gemacht hat. Bingo und tada! Du bist die Erste, die tut, was du gerade tust.

Ist das, was du gerade tust, besser oder auch nur anders als das, was andere bisher gemacht haben?

Vergleichen wir deine Tätigkeit, deine Ideen, Probleme und Ergebnisse mit genau dem, was andere vor dir bereits getan haben. Am Fließband werden wir praktisch keine Unterschiede finden, bei der Spülmaschine im Normalfall anderes Geschirr in unterschiedlicher Anordnung. Und im Labor? Wenn man deine Ergebnisse mit den Ergebnissen aus wissenschaftlichen Veröffentlichungen oder aus der Patentliteratur vergleicht, ist der Schluss häufig: Ja, wir kommen zu ähnlichen Ergebnissen, aber unsere Geräte sind deutlich kostengünstiger. Das fiele unter die Alternative *besser*. Es kann aber auch sein, dass die Ergebnisse gar nicht wirklich vergleichbar sind, weil ein anderes Verfahren oder andere Geräte verwendet oder entwickelt wurden. Wenn der Aufbau eines Experiments ein anderer ist, dann fällt dies unter die Alternative *anders*.

Worin unterscheidet sich das, was du tust, von dem, was die anderen machen oder gemacht haben?

Es lohnt sich, aufzuzählen und eine Liste anzufertigen mit all den kleinen Unterschieden, die sich zwischen der vom Team bei IBM oder im MIT veröffentlichten Anordnung und den eigenen Arbeiten ergeben. Wurden andere Gerätschaften benutzt? Verfolgt man andere Ziele? Hat das eigene Institut vielleicht weniger Geld und deswegen eine etwas kostengünstigere Anordnung, aber die Ergebnisse sind trotzdem gut? Wurden leistungsfähigere Materialien verwendet, mit denen ganz andere Ergebnisse erzielt werden konnten? Gelingt es, eine Justage in deutlich kürzerer Zeit oder mit besserem Justageergebnis zu erreichen? Ist die Anordnung *idiotensicher* und lässt sich von jedermann und jedefrau bedienen, während zuvor ausgebildetes Fachpersonal erforderlich war? Jedes Δ zählt. An einigen Stellen fällt kaum auf, dass etwas anders ist, wenn beispielsweise ein Gerät eines anderen Herstellers verwendet wurde oder die geologische Probe von einem anderen Fundort stammt. Das Programm kann in einer anderen Sprache geschrieben sein oder die Ergebnisse dienen einem völlig anderen Zweck. Trotzdem lohnt es sich, einmal alle Unterschiede aufzulisten.

Wie siehts aus? Erfindungsmeldung?

Erfindungsmeldungen lassen sich auch testweise einreichen. Das macht etwas Mühe und ist mit Schreibarbeit verbunden. Trotzdem lohnt es sich. Denn wer als Arbeitnehmerin einmal eine Erfindungsmeldung eingereicht hat, ist diesen Weg schon einmal gegangen und kennt das Prozedere im Institut oder Unternehmen. Wie reagieren die Kolleg*innen, falls man ihnen davon erzählt hat? Wer ist zuständig? Welche Fragen muss ich beantworten? Wer trifft welche Entscheidung? Wer die Stolpersteine auf dem Weg zur Inanspruchnahme der Erfindung und Patentanmeldung bereits kennt, ist beim nächsten Mal besser vorbereitet. Wichtig für Arbeitnehmerinnen: Eine Erfindungsmeldung kostet nichts und hat – wenn überhaupt – nur positive Konsequenzen. Das *Schlimmste*, was passieren kann: Die Erfindung wird freigegeben und nicht zum Patent angemeldet. Es kann also durchaus lohnenswert sein, einfach einmal eine Erfindungsmeldung einzureichen, selbst wenn frau nicht so recht an die Schutzfähigkeit der Idee glaubt.

Auch freie Erfinderinnen und Unternehmerinnen durchlaufen einen Lernprozess bei der ersten Erfindung. Wo gibt es eine gute Patentanwältin? Gibt es staatliche Fördermittel[2]? Wie kann ich der Patentanwältin zuarbeiten und was ist nicht erforderlich? Was kostet eine Erstberatung, Recherche und Patentanmeldung? Welche Kosten entstehen im Lauf der Zeit? Was ist möglicherweise schutzfähig und was lohnt (k)eine aufwändige Schutzrechtsanmeldung? Anders als bei Arbeitnehmerinnen gibt es hier keine Instanz, die noch einmal über Kosten und Nutzen einer Patentanmeldung entscheidet. Die Aufgabe, dies zu entscheiden, fällt – gegebenenfalls gemeinsam mit einer Patentanwältin und anderen Berater*innen – der Unternehmerin oder freien Erfinderin zu.

---

1 Es gibt ein eigenes Kapitel über Recherche in meinem Buch „Erfindungen, Patente, Lizenzen", Springer VDI 2014.
2 Ja, die gibt es. Für die erste Anmeldung eines Unternehmens: www.wipano.de

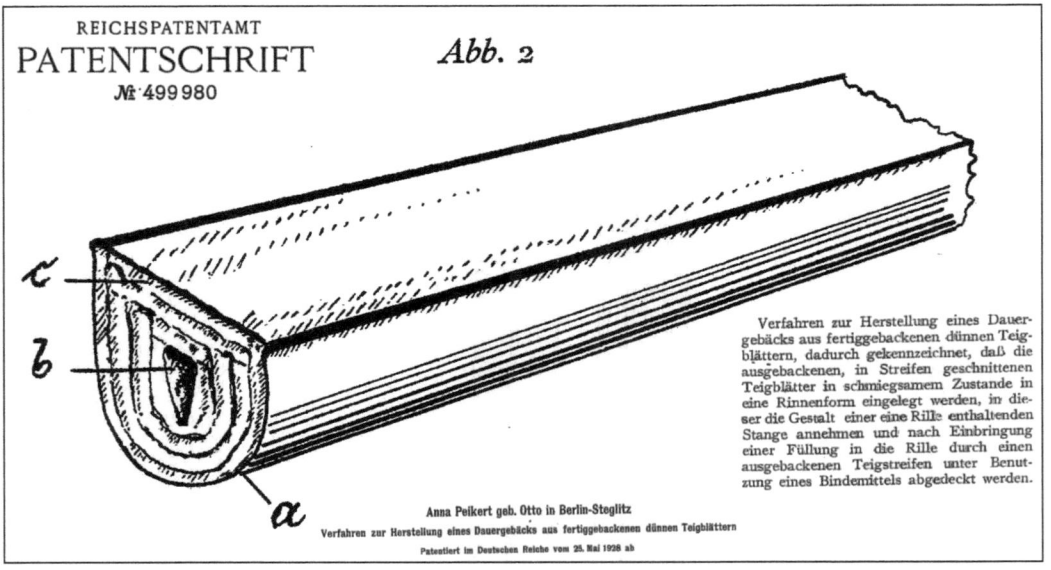

13 Erfindung – und nun?

Vielleicht ist es ja wirklich etwas Besonderes. Je nachdem, wo frau tätig ist, greifen automatisch Mechanismen oder sie muss sich selbst kümmern. Ich habe mal ein paar häufige Szenarien genauer angeschaut – aber ohne Eigeninitiative und ein bisschen Internetrecherche wird es wohl nicht gehen:

Die Erfindung ist gemacht und erkannt und die Erfinderin leidet unter dem, was ich als *Erfinderitis* bezeichne. Was nun? Wer in einem Arbeitsverhältnis erfindet und eine Diensterfindung gemacht hat, meldet die Erfindung dem Arbeitgeberunternehmen. Es gibt nicht nur große und kleine Unternehmen der freien Wirtschaft, sondern auch Hochschulen, wissenschaftliche Forschungsgemeinschaften und staatliche Betriebe.

13.1 Hochschulen und wissenschaftliche Einrichtungen

Praktisch jede Hochschule beschäftigt jemanden mit der Aufgabe, Erfindungsmeldungen entgegenzunehmen. An der Freien Universität Berlin heißt die zuständige Stelle *Patent- und Lizenzservice*[1], an der Technischen Universität Berlin ist es das *Zentrum für geistiges Eigentum*[2], an der Hochschule Koblenz *Forschung und Transfer*[3] und an der Charité ist es *Charité BIH Innovation*[4]. So oder ähnlich heißen die zuständigen Stellen, die Erfindungsmeldungen entgegennehmen, eine Entscheidung über die Inanspruchnahme und Patentanmeldungen treffen und die Erfindung betreuen. Es ist vergleichsweise einfach, diese Stellen mit dem Stichwort *Erfindungsmeldung* und dem Namen der eigenen Hochschule oder Forschungseinrichtung im Internet zu finden.

Obwohl das Arbeitnehmererfinderrecht für alle Einrichtungen gleich ist, gibt es doch einige Unterschiede, wie die einzelnen Hochschulen mit Erfindungen umgehen. Viele bieten direkt Formulare für eine Erfindungsmeldung zum Download an, wie beispielsweise die Georg-August-Universität Göttingen[5]. Bei anderen ist der Download nur für eingeloggte Nutzer*innen möglich, wie an der Ludwig-Maximilians-Universität München[6]. Es gibt ferner Hochschulen, die gar nicht erst eine Erfindungsmeldung haben wollen, sondern erst einmal darum bitten, eine *Patentreferentin zu kontaktieren*[7] oder *sich mit uns in Verbindung* zu setzen, damit man den Erfindungsmeldebogen zugesandt bekommt[8]. Letzteres ist gut gemeint, aber nicht gut gemacht, denn mit dem Einreichen einer Erfindungsmeldung werden für die Hochschule Fristen für die Inanspruchnahme in Gang gesetzt, die erst laufen, wenn eine schriftliche Erfindungsmeldung vorliegt. Die Verzögerung könnte frau verschmerzen. Bei einer vorgeschalteten mündlichen Beratung besteht aber die Gefahr, dass die Erfindung nicht richtig eingeschätzt wird, denn in den Patentstellen, Innovationsabteilungen und Forschungs- und Transferzentren der Hochschulen dieses Landes sind in den wenigsten Fällen Patentanwält*innen (nicht zu verwechseln mit *Patentingenieur*innen* oder *Patentmanager*innen*) beschäftigt, die in der Lage sind, die Patentfähigkeit eines Gegenstands mit hoher Zuverlässigkeit korrekt zu beurteilen. Es wäre in der Tat fatal, wenn eine Erfinderin wegberaten würde, obwohl eine schutzfähige Erfindung vorliegt.

Hochschulen arbeiten häufig mit Patentverwertungsagenturen zusammen. Das sind Verwertungsagenturen, die ursprünglich aus Bundesmitteln finanziert wurden, um das geistige Eigentum, das an den Hochschulen entsteht, wirtschaftlich zu verwerten. Oder anders ausgedrückt: Die Professor*innen sollten erfinden und sich nicht mehr darum kümmern müssen, die Erfindungen zu Geld zu machen. Die Verwertung sollte von eigens hierfür gegründeten Verwertungsagenturen übernommen werden. Diese Agenturen haben im besten Fall Mitarbeiter*innen mit guten Kontakten in die Wirtschaft und technischem Verständnis, so dass sie potenzielle Lizenznehmer*innen oder Käufer*innen für die Erfindung interessieren können. Sie geben dann Empfehlungen ab, ob die Erfindung in Anspruch genommen und patentiert werden soll oder nicht. Häufig haben die Verwertungsagenturen auch eine Reihe von Patentanwält*innen an der Hand, welche die Patentanmeldung im Falle einer Inanspruchnahme ausarbeiten und vertreten.

> **Gesetz über Arbeitnehmererfindungen**
> **§ 7 Wirkung der Inanspruchnahme**
>
> (1) Mit der Inanspruchnahme gehen alle vermögenswerten Rechte an der Diensterfindung auf den Arbeitgeber über.
> (2) Verfügungen, die der Arbeitnehmer über eine Diensterfindung vor der Inanspruchnahme getroffen hat, sind dem Arbeitgeber gegenüber unwirksam, soweit Rechte beeinträchtigt werden.

Wer sich als Erfinderin in einem solchen System wiederfindet, kann sich darauf einstellen, dass eine Menge Menschen eine Menge über die Erfindung zu sagen haben. Umso wichtiger ist es, sich nicht beirren zu lassen.

Es ist keineswegs erforderlich, Hochschulmitarbeitende zu kontaktieren, bevor die Erfindung der Hochschule gemeldet wird. Es ist auch kein Beratungszwang vorgeschrieben. Es ist völlig ausreichend, ein leeres Blatt Papier zu nehmen, die Erfindung grob zu beschreiben, die eigenen Kontaktdaten anzugeben und an irgendeiner Stelle kenntlich zu machen, dass es sich um eine Erfindungsmeldung handelt. Außerdem sollte die Erfindungsmeldung datiert und unterschrieben sein. Das Gesetz sieht eine Verpflichtung der Hochschule zur Eingangsbestätigung vor, mit der die viermonatige Frist zur Inanspruchnahme in Gang gesetzt wird. Sollten die Angaben nicht ausreichen, kann die Hochschule nachfassen und weitere Informationen anfordern.

> **Gesetz über Arbeitnehmererfindungen**
> **§ 6 Inanspruchnahme**
>
> (1) Der Arbeitgeber kann eine Diensterfindung durch Erklärung gegenüber dem Arbeitnehmer in Anspruch zu nehmen.
> (2) Die Inanspruchnahme gilt als erklärt, wenn der Arbeitnehmer die Diensterfindung nicht bis zum Ablauf von vier Monaten nach Eingang der ordnungsgemäßen Meldung (§5 Abs. 2 Satz 1 und 3) gegenüber dem Arbeitnehmer durch Erklärung in Textform freigibt.

Die Frist zur Inanspruchnahme ist nicht zu verwechseln mit einer Frist zur Einreichung einer Patentanmeldung. Diese muss *unverzüglich* eingereicht werden. Verständlicherweise will niemand eine Anmeldung für eine Erfindung bezahlen, die später freigegeben wird. Es ist daher gängige Praxis, dass die Inanspruchnahme gemeinsam mit der Entscheidung über eine Patentanmeldung gefällt wird. Das ist in Ordnung, wenn mit der Entscheidung nicht unnötig gewartet wird und sich der Prioritätstag der Anmeldung nach hinten verschiebt.

Wer die Musik bezahlt, darf sie bestellen. Das gilt auch bei der Auswahl der Patentanwält*innen. Bei Hochschulen sollten aber auch die Präferenzen der Erfinderinnen berücksichtigt werden. Eine Erfinderin und gegebenenfalls ihre Hochschulbetreuer*innen sind also nicht zwingend an den Vorschlag etwa der Verwertungsagentur gebunden, sondern können selbst aktiv eine Patentanwältin auswählen, von der sie glauben, dass sie die technisch-fachliche Eignung aufweist. Da hohe Anforderungen an die Qualität der Ausbildung der Patentanwaltschaft gestellt werden, kann man davon ausgehen, dass jede zugelassene Patentanwältin die erforderliche berufliche Eignung mitbringt. Es lohnt sich hinzuschauen, wer für die Ausarbeitung der Patentanmeldung und deren Vertretung vorgesehen ist.

Viele Hochschulen fordern eine Recherche, bevor die Erfindung zum Patent angemeldet wird. Das macht Sinn, denn auch wenn keine Recherche hundertprozentig ist, so erleichtert die Kenntnis wenigstens eines Teils des Standes der Technik die Formulierung der Patentansprüche, so dass das Prüfungsverfahren zu einer Erteilung mit gutem Schutzumfang führt. Es gibt Recherchedienste und Verwertungsagenturen, die ihre Rechercheergebnisse mit Kommentaren garnieren und gelegentlich nicht nur die Neuheit der Erfindung, sondern auch die erfinderische Tätigkeit beurteilen. Es gibt durchaus Erfindungen, bei denen es viel Erfahrung und eine patentanwaltliche Ausbildung braucht, um die Erfindung als solche zu erkennen. Recherchedienste und Verwertungsagenturen können das nicht oder zumindest nicht so gut leisten wie ausgebildete Patentanwält*innen. Es lohnt sich also immer, eine Patentanwältin oder einen Patentanwalt hinzuzuziehen, wenn es um die Beurteilung der Patentfähigkeit der Erfindung geht, nachdem die Recherche durchgeführt wurde.

13.2 Kleine Betriebe und Erstanmelder*innen

Während Hochschulen und deren Dienstleister*innen durchweg Erfahrung mit Erfindungen und Patentanmeldungen haben, ist dies bei vielen, gerade kleineren Betrieben nicht der Fall. Reicht eine Erfinderin hier eine Erfindungsmeldung ein oder macht die Unternehmerin selbst eine Erfindung, so ist erst einmal viel zu lernen. Hier hilft nur der Kontakt zu einer Patentanwältin. In einer häufig kostenlosen

Erstberatung klärt die Patentanwältin über die zu erwartenden Kosten und das Verfahren auf und erläutert, was dem Gesetz nach schutzfähig ist und wo die Grenzen des Schutzes sind. Auch bei der Frage, ob es sich lohnt, die Erfindung tatsächlich zum Patent anzumelden, kann eine Beratung helfen. Kurze Erstberatungen werden unter anderem vom Deutschen Patent- und Markenamt[9], der Patentanwaltskammer[10] und einigen IHKs angeboten, die nichts kosten und in der Regel von den örtlichen Patentanwält*innen durchgeführt werden. Ist die Entscheidung gefallen, können erstanmeldende Unternehmen in Deutschland eine WIPANO[11] Förderung mit einer Förderquote von 50 Prozent beantragen. Nach Erhalt des Förderbescheids kann der Auftrag erteilt und die Anmeldung ausgearbeitet werden.

Eine angestellte Erfinderin braucht kein schlechtes Gewissen zu haben, etwa weil dem Unternehmen nun die häufig als hoch empfundenen Kosten für die Patentanmeldung entstehen können. Das Unternehmen ist frei, die Erfindung freizugeben und der Erfinderin zur Verwertung zu überlassen. Die bereits mehrfach zitierte Einstellung *Patente sind teuer und bringen nichts* mag zu einer unternehmerischen Entscheidung gegen die Patentierung führen. An einer Erfindungsmeldung sollten Erfinderinnen sich dadurch nicht hindern lassen.

13.3 Große Unternehmen

Alle großen Tech-Unternehmen haben eine Patentabteilung und selbst die Unternehmen, die nicht im Technologie-Bereich tätig sind, haben zumindest eine Rechtsabteilung, die sich um andere Schutzrechte, etwa Marken und Designs, kümmern. Besonders bei großen Konzernen mit vielen Anmeldungen können Erfindungsmeldungen über das deutlich sicherere Intranet eingereicht werden. Aber auch hier gilt: Es gibt keine Formvorschriften für eine Erfindungsmeldung und wer die entsprechenden Seiten nicht findet, richtet das Schreiben einfach an die Patentabteilung des Unternehmes – es wird seinen Weg sicher finden. Anders als an den Hochschulen sind in den großen Unternehmen in der Regel ausgebildete Patentassessor*innen tätig, das heißt abhängig beschäftigte Patentanwält*innen. Die Patentabteilung ist also sicher in der Lage, die Patentfähigkeit der Erfindung einzuschätzen, und hat zumindest dann sehr viel Expertise, wenn die Erfindung in das Technologiegebiet des Unternehmens fällt. Hier gilt das Gleiche wie in kleinen Unternehmen: Es ist nicht unüblich, dass Erfindungen freigegeben werden, und das spiegelt nicht die Qualität der Erfindung wider. Es gibt gute Erfindungen, die einfach nicht auf dem Entwicklungspfad des Unternehmens liegen und bei denen bereits frühzeitig erkennbar ist, dass das Unternehmen diese Erfindung nicht verwirklichen und verwerten wird. Eine Erfinderin sollte eine Freigabe daher nicht als Ablehnung ihrer selbst verstehen und sich nicht entmutigen lassen, weitere Erfindungen zu melden.

An meinem eingangs beschriebenen eigenen Beispiel lässt sich erkennen, dass selbst ein Vater, der Patentanwalt ist, einer Naturwissenschaftlerin, Erfinderin und Patentanwältin nicht alle Hürden aus dem Weg räumen kann. Es braucht also Mut und Entschlossenheit, die ich allen Erfinderinnen in spe wünsche. Gutes Gelingen!

---

1 https://www.fu-berlin.de/forschung/service/patente-und-lizenzen/index.html
2 https://www.zfge.tu-berlin.de/patentierung-und-beratung/der-weg-zum-patent/
3 https://www.hs-koblenz.de/forschung-transfer/patente/erfindungsmeldung
4 https://technologietransfer.charite.de/ueber_charite_bih_innovation_kontakt/
5 https://www.uni-goettingen.de/de/document/download/7cb70d3da5c5b3e73649d3acab57e589.pdf/Erfindungsmeldung%20SUG%20v2%200%20deutsch%20bs.pdf
6 https://www.lmu.de/de/forschung/wirtschaft-und-wissenschaft/erfindungsmeldung-und-verwertung/index.html
7 https://www.w-hs.de/forschung-und-kooperation/erfindungen-und-patente/faqs/#c9713
8 https://www.zft.uni-freiburg.de/Patenting/erfindungsmeldung
9 https://www.dpma.de/service/kundenservice/erfindererstberatung/index.htm
10 http://www.piznet.de/anmeldung/erfindererstberatung
11 www.wipano.de

DEUTSCHES REICH

REICHSPATENTAMT
PATENTSCHRIFT
№ 321061
KLASSE **64**b GRUPPE 28

Anna Gruß geb. Kissel in Remscheid.

Gerät zum Öffnen von Konservendosen und Einmachegläsern.

Patentiert im Deutschen Reiche vom 25. Juni 1919 ab.

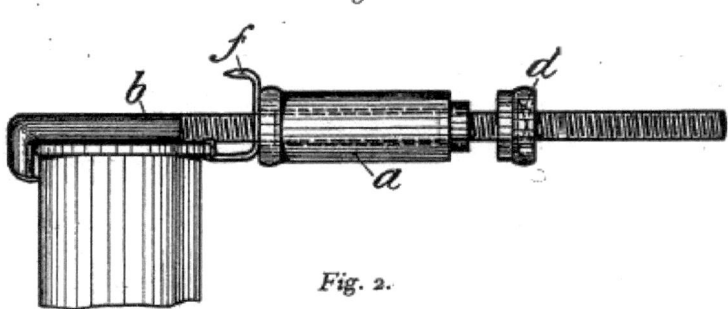

Fig. 2.

Gerät zum Öffnen von Konservendosen und Einmachegläsern, bei dem das zum Aufschneiden oder Abheben des Deckels dienende Werkzeug durch eine Spindel radial zu dem zu öffnenden Gefäß vorgetrieben wird, gekennzeichnet durch ein mit Messer oder Schneide (e) und Gegenstützfinger (c) für die Blechdeckelabschneidung, sowie mit keilähnlichem Finger oder Lappen (f) für die Glasdeckelaufdrückung versehenes Werkzeug, das mit einem durchbohrten die Schraubenspindel umfassenden Handgriff (a) starr verbunden ist, der auf dieser Spindel frei längsverschiebbar gelagert ist und durch eine Mutter (d) gegen das zu öffnende Gefäß angedrückt wird.

14 Feministische Innovationspolitik

Begriffe wie *feministisch* sind in gewissen Kreisen fast so unbeliebt wie gegenderte Sprache oder Fußpilz. Überhaupt: Wie kann eine Innovationspolitik feministisch sein? Haben Innovationen etwas mit Frauen zu tun?

Am 5. Februar 2020 erläutert die Feministin Theresa Bücker bei der Friedrich-Ebert- Stiftung den Begriff *Global Care Chain*[1]: Arbeitskräfte, beispielsweise Frauen aus Osteuropa, arbeiten in Deutschland und nehmen uns die – typischerweise von Frauen erledigte – Care-Arbeit ab. Nur durch diese Arbeitsmigrantinnen ist es möglich, dass hier in Deutschland viele Frauen in Vollzeit arbeiten. Frau Bücker legt den Finger auf die Wunde: Wenn die Arbeitsmigrantinnen in Deutschland Geld verdienen, fehlt ihre Arbeitskraft in ihrem Heimatland.

Eine Forderung des Feminismus ist es, Männer an der Care-Arbeit zu beteiligen. Erfinderinnen könnten allerdings auch versuchen, diese Form der modernen Sklaverei mit Schwarzarbeit, geringer Bezahlung und mangelnder gesellschaftlicher Wertschätzung auf technologische Weise zu vermeiden. Schauen wir genauer hin:

Es gibt verschiedene Aufgaben, welche die Hausfrau – Männer sind mitgemeint! – zu erledigen hat: Kinderbetreuung, Aufräumen, Putzen, Einkaufen, Chauffeurdienste und all das, was unter den Begriff *mental load* fällt. Während die Kinderbetreuung an Kindertagesstätten abgegeben werden kann und sich das Einkaufen durch Lieferdienste deutlich vereinfacht hat, bleibt vor allem zeitaufwändige Handarbeit für Aufräumen und Putzen.

Es ist schon erstaunlich, dass wir in einer Welt leben, in der es möglich ist, hochauflösende Bilder vom Mars zu erhalten und Kraftfahrzeuge autonom im normalen Verkehr fahren zu lassen, während wir das Bad zuhause immer noch von Hand putzen.

Meine These: Die Bedürfnisse von Frauen werden von den überwiegend männlichen Erfinder*innen nicht erkannt und nicht ernst genommen. Schließlich ist es derzeit zumindest finanziell billiger, eine Heerschar osteuropäischer *Putzfrauen* zu beschäftigen, als sich Gedanken darüber zu machen, warum die meisten berufstätigen Frauen (Männer sind mitgemeint) nach der Arbeit aufräumen, putzen und bügeln müssen.

Ich bin mir sicher, dass es über Staubsaugerroboter, Wasch- und Spülmaschinen hinaus mehr Möglichkeiten gibt, den Haushalt zu automatisieren.

Viele der Bedürfnisse im Haushalt werden auch von Erfinderinnen artikuliert. Wer sich Erfindungen anschaut, die beispielsweise von Einzelerfinderinnen zum Patent und noch häufiger als Gebrauchsmuster angemeldet werden, erkennt, dass an vielen Stellen großer Handlungsbedarf besteht. Die vorgeschlagenen Lösungen lassen allerdings häufig an vielen Stellen zu wünschen übrig. Viele der in diesem Büchlein gezeigten Beispiele der Erfinderinnen, die fast alle Anna heißen, zeigen Lösungen für Probleme im Haushalt.

Die von den verschiedenen Annas offenbarten Lösungen arbeiten nämlich nicht in den Entwicklungsabteilungen bei BSH, Miele oder Samsung, sondern sind zuhause Hausfrau und Mutter und häufig als Teilzeitkraft in einem typischen Frauenberuf tätig, etwa in einem Büro, in der Pflege oder als Verkäuferin. Sie haben meistens keinerlei Erfahrung in der Produktentwicklung und sehen nur, dass die Erfindung auf dem Papier oder im besseren Fall als selbstgefertigter Prototyp super arbeitet.

Wenn ihre Ideen überhaupt funktionieren, dann sind sie teuer, benötigen große Mengen unterschiedlicher Materialien und sind nur mit großem Aufwand zu produzieren. Außerdem wird gerne bezweifelt, dass sich solche Innovationen am Markt durchsetzen. Mit anderen Worten: Die Industrie hält die Lösungen – zu Recht – nicht für praktikabel und ist nicht willens, eine Lizenz zu nehmen und das Produkt herzustellen.

So wird weiter an besserer Chemie für Wasch- und Putzmittel, Energie- und Materialeinsparung bei elektrischen Geräten herkömmlicher Bauart und stylischen Putzutensilien geforscht und entwickelt, um mit den deutlich wettbewerbsfähigeren Produkten aus Fernost mithalten zu können. Visionäre Entwicklungen, die den Haushalt spürbar vereinfachen, sind am Markt nicht verfügbar.

(19) United States
(12) Patent Application Publication
YAMAZAKI et al.

(10) Pub. No.: US 2019/0091869 A1
(43) Pub. Date: Mar. 28, 2019

(54) ROBOT SYSTEM AND WORKPIECE PICKING METHOD

(71) Applicants: FANUC CORPORATION, Yamanashi (JP); Preferred Networks, Inc., Tokyo (JP)

(72) Inventors: Takashi YAMAZAKI, Yamanashi (JP); Daisuke OKANOHARA, Tokyo (JP); Eiichi MATSUMOTO, Tokyo (JP)

(21) Appl. No.: 16/117,612

(22) Filed: Aug. 30, 2018

(30) Foreign Application Priority Data

Sep. 25, 2017 (JP) 2017-183593

Publication Classification

(51) Int. Cl.
B25J 9/16 (2006.01)
B25J 15/08 (2006.01)

(52) U.S. Cl.
CPC B25J 9/1697 (2013.01); B25J 15/08 (2013.01); B25J 9/163 (2013.01); B25J 9/1664 (2013.01)

(57) **ABSTRACT**

To select a picking position of a workpiece in a simpler method. A robot system includes a three-dimensional measuring device for generating a range image of a plurality of workpieces, a robot having a hand for picking up at least one of the plurality of workpieces, a display part for displaying the range image generated by the three-dimensional measuring device, and a reception part for receiving a teaching of a picking position for picking-up by the hand on the displayed range image. The robot picks up at least one of the plurality of workpieces by the hand on the basis of the taught picking position.

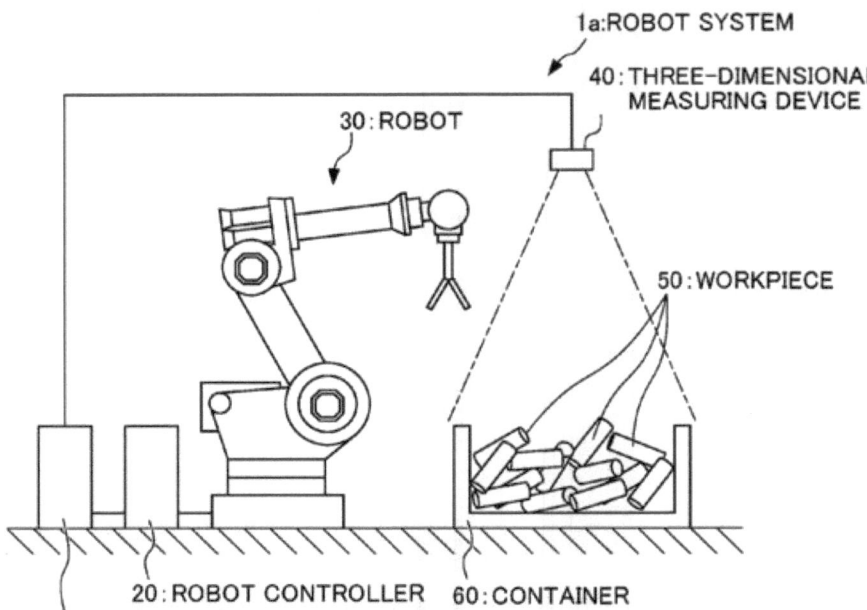

(12) United States Patent
Erickson et al.

(10) Patent No.: **US 10,040,551 B2**
(45) Date of Patent: **Aug. 7, 2018**

(54) **DRONE DELIVERY OF COFFEE BASED ON A COGNITIVE STATE OF AN INDIVIDUAL**

(71) Applicant: **International Business Machines Corporation**, Armonk, NY (US)

(72) Inventors: **Thomas David Erickson**, Minneapolis, MN (US); **Rogerio S. Feris**, Hartford, CT (US); **Clifford A. Pickover**, Yorktown Heights, NY (US); **Maja Vukovic**, New York, NY (US)

(73) Assignee: **International Business Machines Corporation**, Armonk, NY (US)

(*) Notice: Subject to any disclaimer, the term of this patent is extended or adjusted under 35 U.S.C. 154(b) by 101 days.

(21) Appl. No.: **14/978,620**

(22) Filed: **Dec. 22, 2015**

(65) **Prior Publication Data**
US 2017/0174343 A1   Jun. 22, 2017

(51) **Int. Cl.**
E04H 3/04   (2006.01)
B64C 39/02   (2006.01)
(Continued)

(52) **U.S. Cl.**
CPC *B64C 39/024* (2013.01); *A61B 5/01* (2013.01); *A61B 5/02055* (2013.01); *A61B 5/11* (2013.01);
(Continued)

(58) **Field of Classification Search**
CPC A61B 5/1176; A61B 2034/2057; A61B 2034/2065; A61B 5/165; A61B 5/02055;
(Continued)

(56) **References Cited**

U.S. PATENT DOCUMENTS

5,094,153 A   3/1992   Helbling
6,419,629 B1 7/2002   Balkin et al.
(Continued)

FOREIGN PATENT DOCUMENTS

WO   0117362   3/2001
WO   2005000385   1/2005

OTHER PUBLICATIONS

Disclosed Anonymously, "Use of Flavors with Modifying Properties (FMP) in Flavor Compositions and Applications of FMP in Food and Beverage Products", IP.com No. 000240463, Jan. 30, 2015, pp. 1-43.
(Continued)

Primary Examiner — Jeffrey A Shapiro
(74) *Attorney, Agent, or Firm* — Fleit Gibbons Gutman Bongini Bianco PL; Gary Winer

(57) **ABSTRACT**

Coffee or other drink, for example a caffeine containing drink, is delivered to individuals that would like the drink, or who have a predetermined cognitive state, using an unmanned aerial vehicle (UAV)/drone. The drink is connected to the UAV, and the UAV flies to an area including people, and uses sensors to scan the people for an individual who has gestured that they would like the drink, or for whom an electronic analysis of sensor data indicates to be in a predetermined cognitive state. The UAV then flies to the individual to deliver the drink. The analysis can include profile data of people, including electronic calendar data, which can be used to determine a potentially predetermined cognitive state.

17 Claims, 4 Drawing Sheets

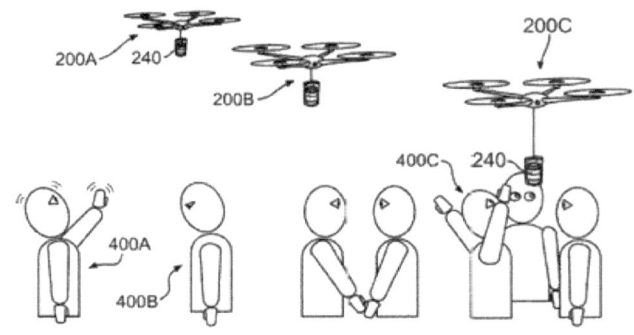

Selbstverständlich gibt es Ideen, wie der Haushalt einfacher zu organisieren wäre. Wenn es eine Waschanlage für Kraftfahrzeuge gibt, warum lässt sich das Prinzip nicht auch in Badezimmern verwirklichen? Wenn es Sortieranlagen für Müll gibt, wieso nicht für Wäsche? Wohin sind die Müllschlucker der 1970er-Jahre verschwunden? Warum kann ich in den Technikabteilungen der großen Elektronikanbieter Smartphones mit KI, Spracherkennung, Kamera und Internetanschluss erwerben, während Aufräumroboter wie der von Preferred Networks, Inc.[2] dort nicht zu finden sind? Eine Drohne kann meine Vitalwerte messen und Kaffee bringen[3], aber keinen Staub wischen? Noch immer warten wir auf Kühlschränke mit Kamera und Waage, die mit dem Lieferdienst kooperieren, auf Saug- und Wischroboter, die über eine gemeinsame Plattform mit der Heizungssteuerung, der Alarmanlage und der Kühlschrankkamera zusammen fernbedienbar sind. Selbstreinigende Oberflächen? Wer dies googelt, landet bei Oberflächen mit Lotuseffekt. Die Fenster, an denen sich der Hund die Nase plattgedrückt hat, was dort entsprechende Spuren hinterlässt, werden sich allerdings auch bei solchen Materialien kaum automatisch reinigen. Der Mensch geht zum Kühlschrank und zur Spülmaschine statt umgekehrt. Wir bügeln unsere Hemden, wenn wir sie nicht weggeben.

Wir essen lauwarme Lieferdienst-Produkte oder beschränken uns auf Dosen- und Tiefkühlfraß, wenn die Zeit zum Kochen nicht reicht. Ich kenne niemanden, der oder die in der Lage ist, die 234 verschiedenen Programme am Backofen zu nutzen. Man muss kein Fan von halbgaren Lösungen wie Küchenmaschinen und Thermomix sein, aber natürlich ist es möglich, auch beim Kochen einen höheren Automatisierungsgrad zu erreichen. In der Medizin werden lebensgefährliche Operationen mikrometergenau durchgeführt, aber die Entwicklungslabore unseres hochgelobten Maschinenbaus sind nicht in der Lage, eine kostengünstige Maschine zu schaffen, die das Gemüse zubereitet und Salat schnippelt?

Wer nutzt mehr als zwei Programme an der hochmodernen Waschmaschine, die uns mehrere Duzend verschiedene Programme anbietet, an denen zudem noch alle möglichen Parameter geändert werden können? Woher soll ich denn wissen, ob ich *extra Wasser* oder nur 800 Umdrehungen einstellen soll? Es macht wenig

Sinn, bestehende Geräte immer weiter zu entwickeln, solange sie voraussetzen, dass Mutti (Vati ist mitgemeint) zuhause ist und den Haushalt macht.

Wer Hoffnung auf die großen Konzerne setzt, die im Haushaltsgerätebereich tätig sind, wird fast immer enttäuscht. Im Vorstand von BSH sitzen ausschließlich Männer, nachdem Carla Kriwet den Konzern verlassen hat. Auch bei Miele hatten ausschließlich Männer das Sagen – bis zur Berufung von Rebecca Steinhage. Ob eine Schwalbe hier schon einen Sommer macht? Leifheit, Bauknecht, Philips – nur Männer. Die Marke Braun – ihr wisst schon, das sind die mit dem Fön – gehört mittlerweile zur De'Longhi Group, deren Management immerhin eine Frau unter acht Männern aufweist. Dass es auch anders geht zeigt, die schwedische Mutter der Elektrolux GmbH. Dort sitzen im Board of Directors genauso viele Frauen wie Männer, aber Geschäftsführer und Prokuristen in Deutschland sind weiterhin ausschließlich Männer. Auch bei der schweizerischen Liebherr ist ein deutlicher Frauenanteil in der Geschäftsführung zu verzeichnen. Sehr bedauerlich, dass dieses Unternehmen sich vor allem auf Schwermaschinen konzentriert und es im Haushalt bei Kühlgeräten belässt. Es sind also nicht nur die Entwicklungsabteilungen, sondern auch die Geschäftsführungen und Vorstände, denen die häusliche Expertise fehlen könnte, um für disruptive Innovationen im Haushaltsbereich zu sorgen. Was schiefgehen kann, wenn Männer innovativ tätig werden, die sich – wenn man den Statistiken glaubt – höchstwahrscheinlich nicht oder nur wenig um Haushalt und Frauenkram kümmern, zeigt der Fall *Pinky Gloves*[4]. Zwei Männer *erfinden* einen Einweg-Handschuh aus Plastik zur Entsorgung von Binden und Tampons. Sie werben in der bekannten Fernsehsendung *Höhle der Löwen* beträchtliche Investments ein, müssen aber danach feststellen, dass das Produkt völlig am Markt vorbei entwickelt wurde. Besondere Wut der Community ziehen die Investoren der beiden Gründer sich zu, weil nur zwei Jahre zuvor die nunmehr sehr erfolgreichen Gründerinnen von ooia[5] mit ihrer Menstruationsunterwäsche leer ausgegangen waren.

Dabei zeigt das *Babybay*-Beistellbett für Babys, dass Erfindungen aus dem Umfeld von Frauen durchaus erfolgreich sein können. Die Inhaberin des Gebrauchsmusters DE 203 07 464 U1, Ruth Pihale, hat gemeinsam mit ihrem Mann ein

Unternehmen gegründet[6] und verkauft seit bald zwei Jahrzehnten ein Produkt, das vielen Frauen – und dem Vernehmen nach auch einigen Männern – das Leben mit Baby deutlich erleichtert. Eines meiner Lieblingsbeispiele dafür, dass Schutzrechte nicht lediglich teuer sind und nichts bringen, sondern Erfindungen die Basis für Unternehmen mit vielen Arbeitsplätzen sein können, die echten Fortschritt bringen.

Ist es so schwer verständlich, dass es Sinn macht, den Haushalt gemeinsam mit den in diesem Bereich erfahrenen Frauen (Männer sind mitgemeint) neu zu denken und zu automatisieren? Wäre es nicht längst an der Zeit, Erfinderinnen in die Entwicklungsabteilungen der Technologieunternehmen zu holen, die sich der Herausforderungen einer modernen Gesellschaft annehmen?

Wir müssen uns alle fragen, was Politik, Wirtschaft und Gesellschaft tun könnten, damit echte Innovationen auch im profanen Haushalt Einzug halten. Ich vermute, dass die Automatisierung von Haushaltstätigkeiten einen deutlichen Schub erfahren würde, wenn hier genauso viel Geld in Forschung und Entwicklung investiert würde wie in der Automobil- oder Telekommunikationsindustrie oder im Pharmabereich.

So manch eine*r wird, wenn schon nicht die Machbarkeit, so doch mindestens die Wirtschaftlichkeit der Innovationen im Haushaltsbereich bezweifeln. Wenn ich mir jedoch den Siegeszug der Innovationen in den 50er- und 60er-Jahren des 20. Jahrhunders anschaue, dann bin ich sicher, dass wir hier noch längst nicht am Ende sind. Kaum jemand, der oder die den Teppich zum Klopfen auf die Teppichstange gehängt hat, konnte sich vorstellen, dass es ein Gerät geben könnte, mit dem der Teppich in horizontaler Lage in der Wohnung vom Staub befreit werden könnte. Geschirr nicht mehr von Hand mit der Spülbürste waschen? Wie sollte das gehen? Bis Mrs. Cochrane, die Erfinderin der Spülmaschine, die Welt eines Besseren belehrt hat.

Selbstverständlich wird ein Fenster oder ein Badezimmer, das automatisch gereinigt wird, nicht so sauber sein wie von Hand geputzt. Aber wir kaufen ja auch

Kleidung von der Stange, selbst wenn der/die Schneider*in den feinen Zwirn besser in Form bringen kann. Schuhe aus der Fabrik passen selten so gut wie die Handgenähten vom Schuster. Zumindest habe ich mir das sagen lassen, denn ich bin noch nie in diesen Genuss gekommen.

Wir müssen davon ausgehen, dass eine Wohnung mit hohem Automatisierungsgrad nicht mehr so aussieht wie in den 1960er-Jahren oder auch wie heute. Aber wir stellen ja auch das gute Meissener Geschirr mit dem Goldrand nicht in die Spülmaschine. Genauso, wie wir jetzt den Wohnraum an die energetischen Anforderungen knapper Resourcen anpassen, werden wir Wohnungen bauen und so umbauen müssen, dass sie für die Automatisierung geeignet sind.

Innovationen waren noch nie für wenig Geld zu haben. Es wird Fehlentwicklungen geben und es wird am Anfang mühsam sein, Innovationen am Markt zu etablieren. Deshalb wird es staatliche Förderung brauchen, Botschafter*innen, die die Innovationen vorantreiben und den echten Willen aller Beteiligten, diesen Bereich zu revolutionieren. Manch einer hat doch am Anfang gedacht: Computer? Ist was für Nerds. Handy? Brauch ich nicht – ich habe ja eine Sekretärin. Telefon mit Kamera? Wozu soll das denn gut sein? Mikrowelle? Ich habe doch einen Backofen und einen Herd. Internet? Bei mir zuhause ist es doch auch schön! Online eine Reise buchen? Dann wird die nette Dame im Reisebüro ja arbeitslos!

Solange die Unternehmen auf sich gestellt sind, werden sie nur zögerlich handeln und im Zweifel auf Altbewährtes zurückgreifen. Dabei sind gerade die Hausfrauen und -männer sehr technikfreundlich, denn alles, was Erleichterung der Hausarbeit verspricht, wird gerne gekauft, ausprobiert und geliebt oder verworfen. Wir brauchen nicht nur mehr Mut und Entschlossenheit zu einer feministischen Innovationspolitik, sondern vor allem die Erkenntnis, dass Handlungsbedarf besteht.

Vielleicht wird der Fachkräftemangel ja einen Sprung bewirken. Denn wenn jede Putzfrau kündigt, weil sie einen besser bezahlten, sozialversicherungspflichtigen Job findet, dann ist Schluss mit lustig. Dann zahlen wir wirklich alles, damit wir nur nicht mehr samstags das Bad putzen müssen.

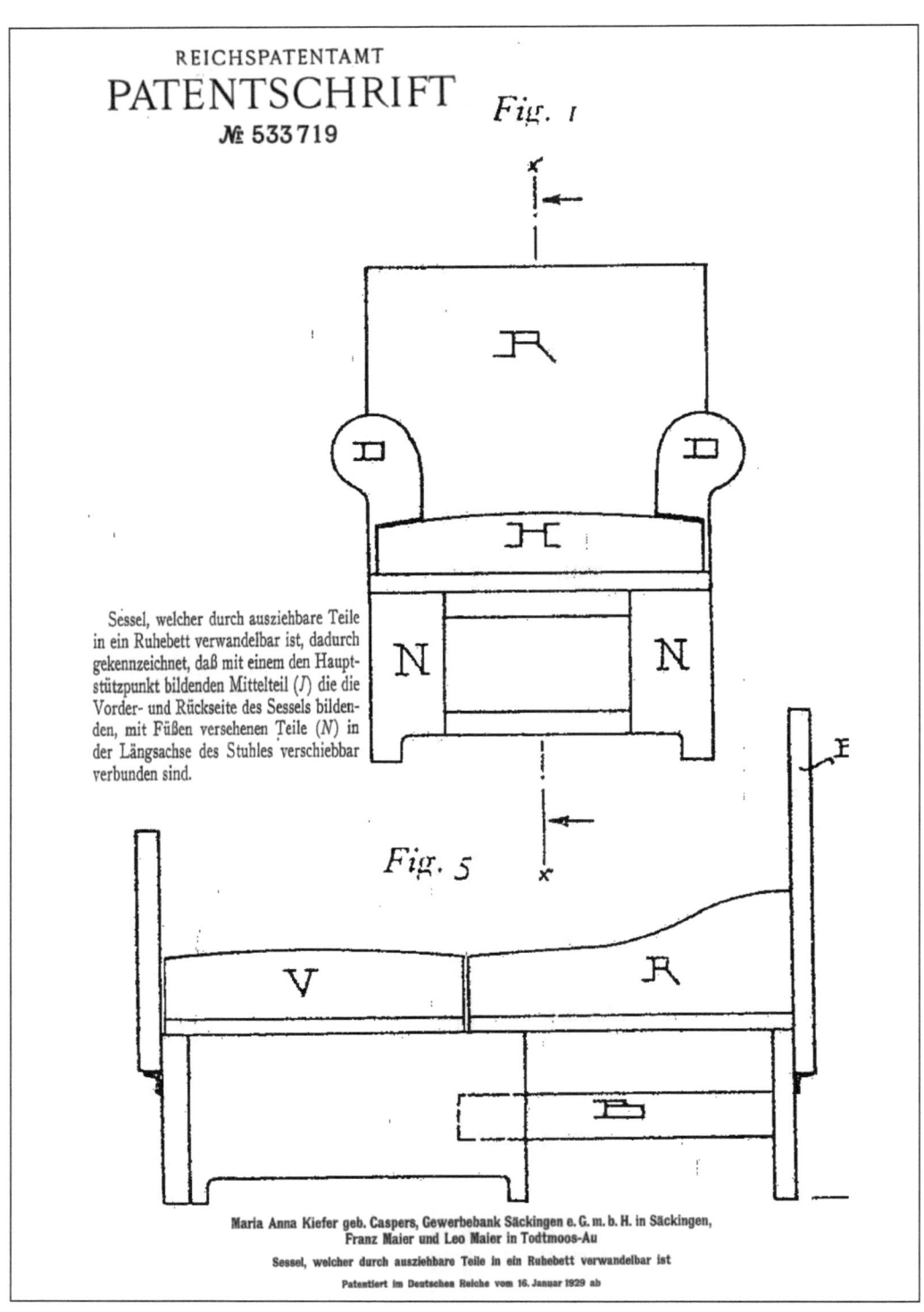

#nursechsprozent

#nursechsprozent ist der Hashtag, unter dem ich in sozialen Medien und bei meinen Vorträgen und Keynotes schon seit geraumer Zeit auf den geringen Frauenanteil in den Erfindernennungen deutscher Patentanmeldungen aufmerksam mache. Dabei können wir Frauen alle erfinden! Katherina, Ruth, Özlem, Andrea, Franziska und all die anderen Erfinderinnen sind ganz normale Frauen, welche die ihr zugewiesene Rolle in der Gesellschaft einnehmen und trotzdem manchmal denken: *Da geht noch was. Das Problem kann auf andere, technische Weise gelöst werden.* Die meisten historischen Erfindungen, mit denen dieses Büchlein illustriert ist, zeigen Erfindungen verschiedener Annas. Sie repräsentieren Erfinderinnen, die sich mit typischen Frauenthemen beschäftigen. Das Ergebnis ihrer Erfindungen sind Koch- und Kühlapparate, Rüschenbefestigungen, Herdputzgeräte, Büstenhalter und Busenformer. Aber Anna kann auch anders: ein faltbares Motorrad, eine frühe Version der Mitfahrzentrale und Durchbrennsicherungen zeigen, dass Frauen durchaus auch in Männerdomänen erfinden. Ohne Andrea Urban gäbe es keinen Airbag und ohne Özlem Türeci hätten wir vielleicht andere oder gar keinen dem Biontech-Impfstoff vergleichbaren Impfstoff gegen Covid-19.

Lohnt es sich nicht, Anna und ihren erfindenden Kolleginnen den roten Teppich auszurollen? Ich finde schon! Ich würde mich freuen, wenn jetzt ein Ruck durch die Gesellschaft geht – vielen Dank an Roman Herzog für diese wundervolle Formulierung – und alle noch einmal darüber nachdenken, wie wir die Erfindungen von Frauen sichtbarer machen und verwirklichen.

Damit es nicht bei #nursechsprozent bleibt.

REICHSPATENTAMT
PATENTSCHRIFT
№ 490034

Abb. 1.

Schneidvorrichtung zum Zerteilen von Früchten mit weichem Innern, insbesondere Tomaten, in gleich starke Scheiben, bei der die Frucht an zwei gegenüberliegenden Seiten von zwei ihrer Form angepaßten, mit Schlitzen zur Führung eines Handmessers versehenen, gegeneinander bewegbaren Backen gehalten wird, gekennzeichnet durch an einem Ende der Backen (3^a, 3^b) senkrecht zu deren Längsrichtung fest und gegeneinander gerichtet angeordnete Teilwände (11^a, 11^b) und eine in je zwei gegenüberliegende Schlitze (2) der Backen (3^a, 3^b) einsetzbare, verstellbare Halteplatte (12).

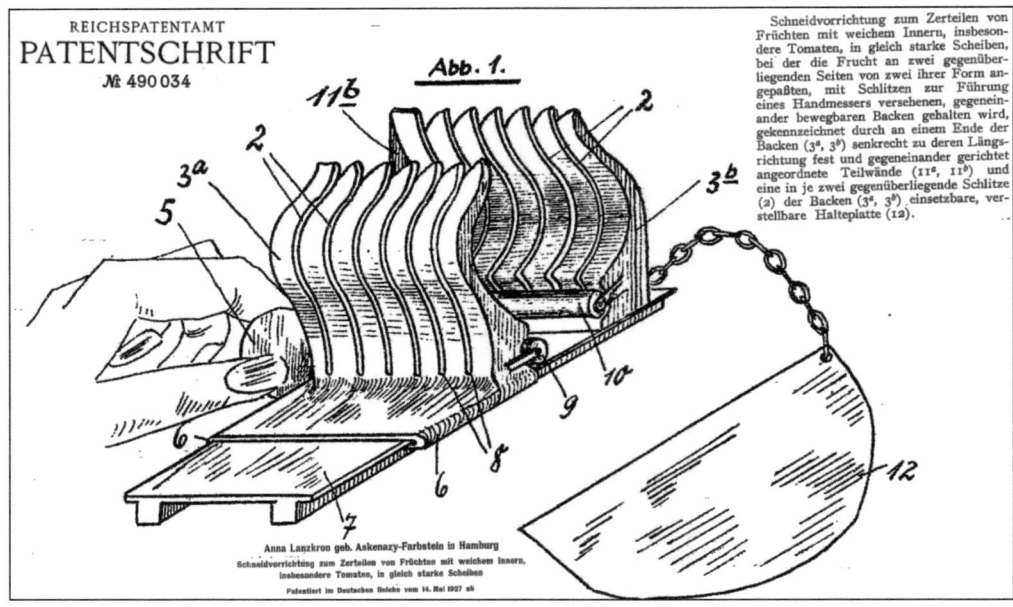

Anna Lanzkron geb. Askenazy-Farbstein in Hamburg
Schneidvorrichtung zum Zerteilen von Früchten mit weichem Innern, insbesondere Tomaten, in gleich starke Scheiben
Patentiert im Deutschen Reiche vom 14. Mai 1927 ab

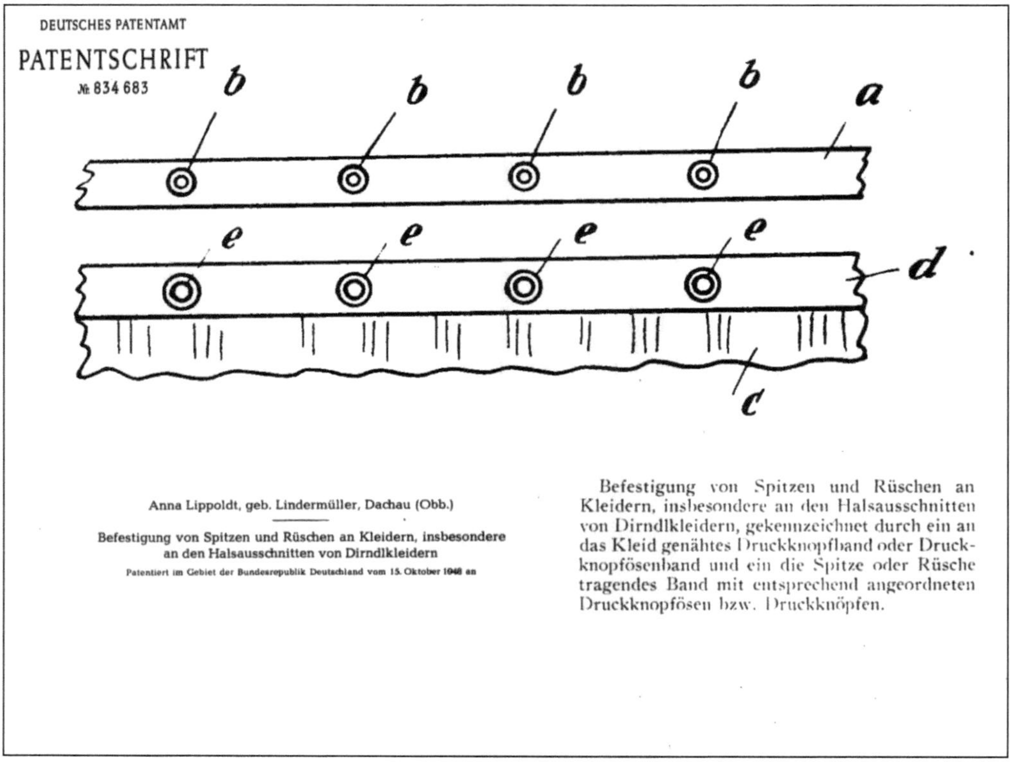

DEUTSCHES PATENTAMT
PATENTSCHRIFT
№ 834683

Anna Lippoldt, geb. Lindermüller, Dachau (Obb.)
Befestigung von Spitzen und Rüschen an Kleidern, insbesondere an den Halsausschnitten von Dirndlkleidern
Patentiert im Gebiet der Bundesrepublik Deutschland vom 15. Oktober 1949 an

Befestigung von Spitzen und Rüschen an Kleidern, insbesondere an den Halsausschnitten von Dirndlkleidern, gekennzeichnet durch ein an das Kleid genähtes Druckknopfband oder Druckknopfösenband und ein die Spitze oder Rüsche tragendes Band mit entsprechend angeordneten Druckknopfösen bzw. Druckknöpfen.

Danksagung

Ich danke meiner Herausgeberin Petra A. Bauer und meiner Lektorin Ines Balcik für ihre Anregungen, Geduld und Expertise. Meiner Kollegin Vera Münchow danke ich für kompetente Anmerkungen.